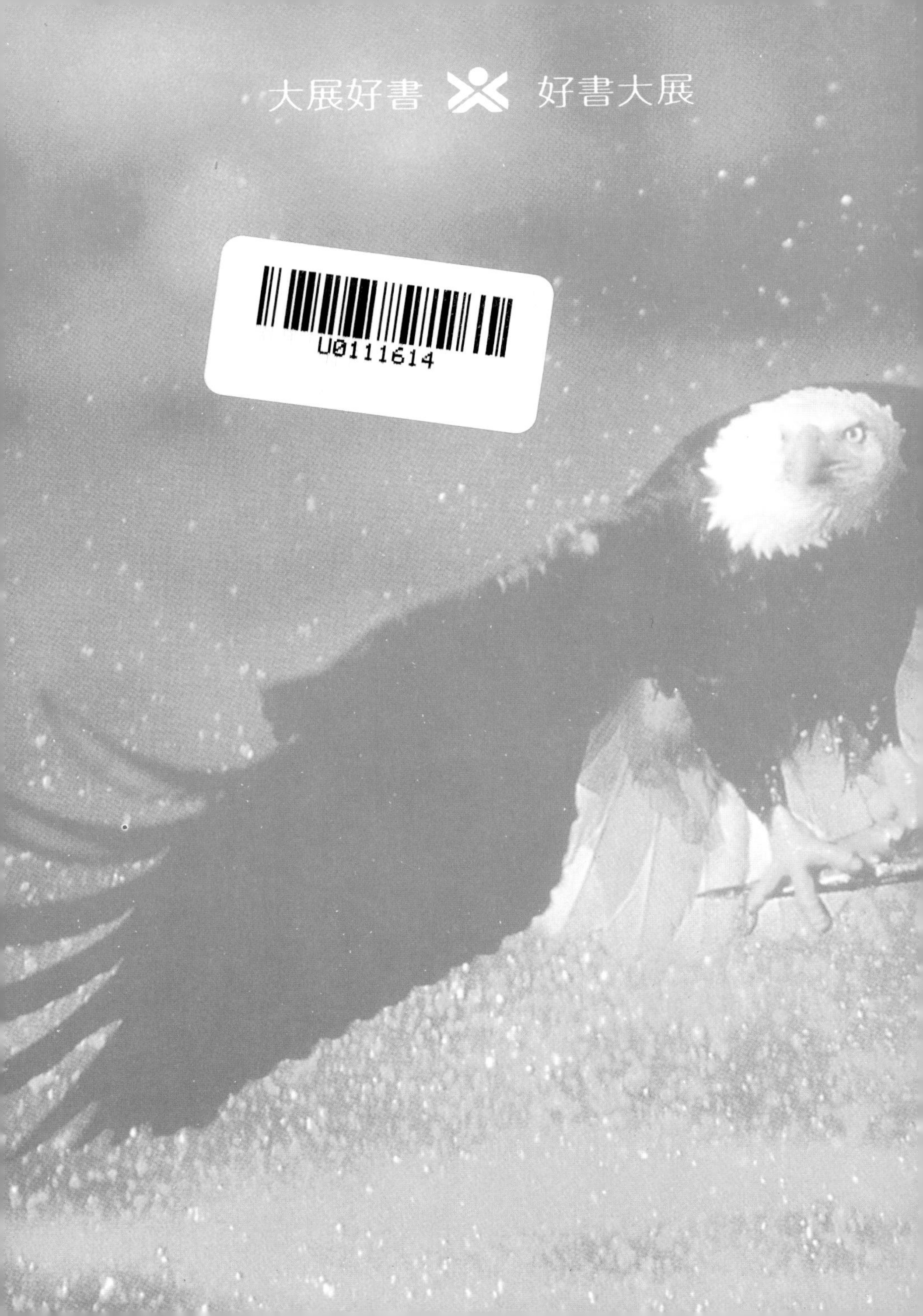

U0111614

命理與預言 52

風水開運飲食法

小林祥晃／著
李玉瓊／譯

大展出版社有限公司　印行

引言

用餐時，你是用什麼標準選擇菜單？

任何人第一個想到的，也許是「當時想吃的東西」吧。「今天想吃油膩的肉類料理。」或「就是想吃拉麵！」每天想吃的東西並不一樣。

其次，任何人考慮的無非是TPO吧？

例如，和情人享受浪漫晚宴時，通常會選擇法國料理。如果是志趣投合的狐朋狗黨，大夥兒則到速食店或吃烤肉；和家人一團和氣地用餐時，就是圍著一鍋熱騰騰的火鍋。

但其中有人認為：「還是營養均衡最重要」。

有些人因為中午吃過漢堡，會顧慮營養均衡而挑選餐飲內容，因此，到了晚上改吃魚，或因最近菜吃得少，儘量多吃青菜沙拉。相反地，有些人只顧吃自己想吃的東西，並認為：「吃東西還計算營養，太麻煩了。人應該是想吃就吃！」

而有些小姐有這樣的觀念：「吃東西一定要選低卡路里的食品！如果是減肥餐，什麼都可以！」

也許是反映最近的節約風氣吧，陸續出現這樣的主婦：「我只拿兩張百元鈔票上超級市場，買的就是那些便宜貨。因此，我家的晚餐是由特賣品決定！」哎，從費用上來考慮，也算是食品選擇的方法之一吧。

自己當時想吃的東西、TPO、營養均衡、費用，多數人是綜合地顧慮上述狀況，用自己的腦內電腦精打細算，再從中篩選出當時的食物吧。

但是，我就不一樣。

我的腦中經常抱著「現在吃什麼食物才能開運？」的念頭來用餐。

食物各有它的運氣，對吃的人會造成重大影響。運氣可以利用食物來開展！因此，在最重要的時刻，請各位能夠留意所攝取的食物。

前一陣子，在某個麵館，看見一名上班族吃著麵，並發牢騷地說：「今天下午舉行會議，但我的企劃還未完成。」當時，我很想拍拍那位上班族的肩膀，告訴他：「你如果想擬定一個好企劃，吃麵可不行喔！附近有一家壽司店，最好去吃壽司。」但是，最近我也略有知名度，舉止行為可莽撞不得……。

總之，一般人對於「利用飲食可改變運氣」這個事實太缺乏知識了。

出席重大會議前的午餐、「今天務必表達愛意！」的約會晚餐或碰巧和貌合神離的上司一起用餐時……，任何情況都有適合它的飲食。

為缺錢傷腦筋的人，應選擇能帶來財運的飲食，尋找不動產物件的人，則需能帶來不動產運的飲食；渴望與異性之間關係更親密時，必須攝取帶來戀愛運的飲食。換言之，有一些飲食的確能夠招攬自己當時所想要的運氣。

如果忽視這個法則，只是漫然地依據「想吃」「便宜」「選擇太麻煩」等理由而漫然地挑選，豈不可惜。

用餐時，只顧及當時想吃的東西，或重視營養均衡，甚至為了節省餐費而只選購特價品做料理，其實也無妨，但希望各位務必記住另外一個選擇，就是「選購帶來運氣的菜單」。但願大家也能給自己的運氣供給營養。

基於上述的理由，懂不懂開運料理會產生極大的出入。

約會時，無需聲張虛勢而點叫全套料理。想和女朋友關係變得更親密，義大利麵已相當充分，如果有結婚的念頭，點叫滷味最好。各位必須配合目的而選購菜單。

吃東西就想到拉麵，或暫且用漢堡充饑，從今天開始請停止這樣的飲食生活。

各位請仔細想想。

我們一日三餐，一年一〇九五餐，以人生七十年來看，一生當中用餐超越七萬次以上。用餐會顧慮開運與否，和毫無忌憚任意吃食的人比較下，其間的差別一定有極大的出入。

姑且不論在斷食道場修行的人，任何人每天都必須攝取飲食。既然身邊有如此方便的開運法，不做一定吃虧。本書就是為您開導運勢的指南。各種開運菜單以實際的料理確實傳授給您。

身為建築師的我會出料理的書，相信有人覺得不可思議。誠然，「料理」和我出現在電視中的風水家相，或室內裝潢鑑定家的頭銜似乎沒有任何接觸點。

不過，何必隱瞞呢?我和金子信雄先生（NHK歌喉大賽的主持人）都是道地的料理大家!……這當然是開玩笑。其實我很聰明，並不親自做料理。相反地，我倒是長期以來擔任『一宮庵』

這個料理學校的校長。

本書所介紹的料理，就是『一宮庵』所烹飪，可是道地料理中的極品。

風水料理的目的無非是「開運」，因此，倒不太在意「營養均衡」，所幸在料理學校的指導下，營養上也面面俱到。當然，味道方面也保證滿意。

在我們的料理教室上，有一個課程是「風水懷石料理」，本書只收錄在該課程確實實踐後而獲得好評的料理。

在一大堆無法親自料理只是紙上談兵的知識、機械性組合的料理氾濫之中，本書的料理無一不是匠心獨到的作品。

利用食物可以帶來好運，能夠改變運勢，如此露骨斷言的書籍，我想是未曾有之。

我身為工學博士、建築師，出版多數風水家相或室內裝潢開運法的書籍。最近拜這類出版之賜，一提到家相、方位或室內裝潢，就令人聯想到小林祥晃。

本書對我而言，是第一次向「飲食」這個範疇挑戰。當然，我自負它是開國以來突破性的料理書。

愉快而美味地進食，開運也隨之而來。

請你從今天開始趕緊實踐「風水開運飲食法」。

當這個飲食法蔚成風氣，風水的觀念落實在一般人的生活上時，相信你早已捷足先登，踏上美妙的人生。

工學博士
一級建築士
小林祥晃

目錄

第五章　聰明的選擇才能帶來好運的外食菜單

第六章　外食菜單對決！配合個人狀況的用餐法

第一章

開運風水飲食法

風水到底是什麼……

「風水」並非單純的迷信

目前正是「風水」大行其道的時代。

所謂風水，正式名稱是「風水地理」，它是在歷史長達三、四千年以上的中國，綿延不斷輾轉相傳的開運學。

風水地理這個語詞，意思是「大地之理」。換言之，順應大地的哲理，追求快適而愉悅的生活術，正是風水學。

風水直到現在仍然廣泛地傳佈於香港、台灣、大陸本土及東南亞各地，融化在人們的生活當中。直到最近才漸漸受到日本人的認識，身為風水研究家的我，非常高興日本人終於認真地思考「幸福掌握法」的問題。

從『廣辭苑』來看風水一詞，所做的解釋是「古代中國所發生的一種土地占卜，是一種迷信。」這個解釋令我相當失望，其實風水絕非單純的占卜或迷信之流。

一般而言，占卜是停留在揣測過去、預知未來的層次，但風水地理是一種對於所預見的未來，即使是凶相也能化凶為吉的構想。所以，占卜唯有與開運學結合，才能稱為風水學。

如果關係到建築，即可清楚瞭解大家是多麼地在意方位或家相的問題。不過，在日本一提起家相或方位，往往被認為是占卜或迷信的做法，這一點相當可惜。

當然，我們也無法斷言風水並沒有這類迷信的一面。但是，隨著風水的研究，卻讓我更加確信它的前瞻性之深奧，以及唯獨風水才能展現的開運威力是多麼地真實。

只要調整環境運勢自然降臨

所謂風水開運學，簡言之，是利用環境的調整而開拓運勢。

我們所居住的這個地球，充滿著各種熱能。那全是眼睛看不見的東西，如水或石油。人無法看見的幸福力量，如「戀愛運、工作運或獎劵運等好運」也是地球擁有的熱能。

這些眼睛看不見的力量，老實說「掉落」在任何地方。而這些運氣可以根據某固定的法則，牽引到人、物上。

這個開運法則就是風水。能否理解風水，確實把自然界的運氣帶領到自己身上，乃是走運的人和歹運的人的分歧點。

若要成為拉攏運氣而幸運的人，最重要的是環境。只要確實整頓環境，運勢必定降臨。

在此我一再地提起環境，但光憑個人的力量是無法大幅地改變地球環境。不過，雖然不能調整地球整體的環境，但應該可以調整自己住家或房間的環境。這就足夠了。而調整住家環境的方法就是「家相」。

不過，實際的風水和日本所稱的家相並不相同。它的範圍相當大，甚至可應用在建造街道或整頓國家。

日本京都的都城——平安京是依循風水所建造而聞名。東京的街道也一樣。它是根據從箱根方面脈脈流傳的地能，在山手回身一轉，吹向位於中心的皇居的風水觀念，做爲街道建設的架構。

當然，風水所稱的環境並不只限於家相。你所穿著的衣服、攜帶的物品也是環境之一，而你周遭的交友關係也是環境。總之，站在自己的角度來看，凡是在自己周圍的一切都是「環境」。

將如何製造一個容易拉攏運勢的環境而使之體系化的，就是風水開運術。

風水為何在今日受到矚目

風水是和佛教從大陸遠播而來的學問，對日本人而言並非新穎特殊的學問。但是，為何到了今天，風水竟成為衆人矚目的焦點，其原因為何？

日本在二次戰後發揮驚人的重建工作而完成復興，今天已經是世界上屈指可數的經濟大國。各地物資充沛，物品至上主義的觀念抬頭，而眼睛看不到的運氣等，則被冠上迷信的標籤。

但是，在泡沫經濟崩潰的今日，又漸漸出現必須重視形而上、精神領域的風潮。

不過，幸福不會因埋頭苦幹而降臨。

正如汲汲營營積蓄小錢，也無法購買一棟房屋。

不得不面對如此現狀的我們，才開始察覺必須改變以往的價值觀。

換言之，大家漸漸有這樣的觀念：若要擁有幸福，必須採取開拓運勢的行動。

風水的開運學是符合自然的哲理，只要付諸實行必可確實招攬運氣。

而且，它具有速效性。在繁忙的現代，告訴人們：「十年後必有好運吧。」絕對沒有人會理睬。

但風水僅需數個月或數年即可開運。也許這些種種因素，使得自古相傳的風水再度成為衆人矚目的焦點吧。

人生追根究柢是由走運的人獲勝。

當然，天生的運勢也有個人差異，不過，實際上在平日生活中努力拉攏好運，反而會造成更大的差異。

同時，最近各地均高舉「考慮地球環境」「溫柔對待地球」的旗幟，此風潮下之商品開發或商業廣告以及世界級的環境會議正如火如荼地進行。

換言之，開始認真地思考對人類極其重要且具有生命的地球時，充分利用地球所擁有的力量，乃是對地球的溫柔行動——簡言之，我們已經察覺到，更深入瞭解地球的能力並充分活用，不僅可以使我們擁有幸福，也是回報地球供給之勞的重要事實。

在此種環境下，風水地理這個利用地利的學問，再度躍上台面成為矚目焦點，也是理所當然。

筆者本身從小學習風水並付諸實行，雖才疏學淺，為了回報有今日氣候的恩情，從七～八年前開始一再地推廣「風水」。至今看見各方人士寫作有關風水的書籍，更信服自己對風水的先見之明。

每次看見自己的著作在韓國、台灣或大陸出版翻譯本，不由得欣喜把風水當成環境開運學的理念已獲得肯定。

利用風水的飲食開運法

食物也是環境之一

如前所述，利用「環境」可開運。那麼，食物呢？

風水認為食物也是環境之一。而且，它和室內裝潢或家相幾乎不相上下，對人會產生重大影響。

食物是直接由口吸收。和用眼看、用手摸不同的是，直接被身體吸收，可見它對人造成的影響有多大。

我們在地球上生活，攝取地球所形成的食物。縱然已進入宇宙時代，還不能進食從月球或火星取得的東西。不論是米飯或蛋糕，一切都是地球的產物。由此可見，飲食本身就是吸收大地力量的行為，也是調整環境的行為。

為了開運，必須顧慮好的家相或吉方位，但進食帶來好運的食物也絕不可忽視。

何謂利用風水的飲食法

我們的祖先早已瞭解風水的開運料理。

譬如，新年所吃的什錦火鍋。

放在什錦火鍋裡的年糕有圓的和四角形。一般而言，關西地方用圓形，關東地方用四角形年糕。

白而圓的東西，風水上認為是使用於和神佛之間的約定。換言之，進食圓形年糕，乃起源於和神明一起用餐，獲得神佛加護的觀念。

風水的開運料理乃吸取食物所擁有的運氣。這一點也不難。食物上各有其獨自的力量。而素材也有其運氣，至於其產地或顏色也是重要的因素。

瞭解食物所具有的力量，有系統地根據各個「運氣」來攝取，正是風水飲食法。

食物並沒有「吃了會歹運」的凶作用。不過，如果零亂攝取各種不同的運氣，並無法實現開運。

把焦點集中在目前自己所渴望的事物，積極攝取所想要運氣的食物。而網羅所有一切秘訣的就是本書。

我從實踐中學習到的風水飲食開運法

我家從祖父那一代開始研究「風水」，因此，從小自然而然地與「風水開運學」結緣。

它涉及家相、室內裝潢到方位等各個範疇，不過，家父經常告訴我：「走到吉方位時，進食該地所攝取的食物」。

譬如，從東京前往位於北方位的日光時，就要吃豆腐或豆腐皮。因為，據說「北」這個方位和「豆腐」所具有的力量相當投合。

即使自己並不實際前往，只要某人到日光時，央求代購豆腐皮等禮物，縱然人在東京，也可以吸取該地的力量，所以，父親一直告誡我，如果有禮物可拿，最好指定與方位投合的物品。從小我就親身體驗到「食材充滿著大地精髓」的事實。

譬如，同樣一包米，從宮崎或秋田所採收的米，隱藏的力量就不一樣。崇尚美食的人常堅持：「米飯只有秋田產最好」，即使味覺略遜一籌，但當我覺得必須有宮崎（西南）的力量時，自然地選擇進食宮崎產的米。

此外，小時候每次考試前，父親常讓我喝蔬菜汁。他還親自為我調製蔬菜汁。

一般認為蔬菜汁含有豐富維他命，對身體非常有益，但父親一定說明其中的風水學。例如：「蔬菜孕育著最濃厚的大地熱能。尤其是根菜類能夠在緊要關頭提供忍耐力，也適宜心浮氣躁的時候」。

父親告訴我，不要只單純地從營養學來考慮維他命量多與否，能不能從風水觀點攝取食物，其間的差別在最後會顯現出來。

同時，考試前一定進食父親特別為我準備的菜單。

這就是個人風水料理的基礎。從此之後，我自己一再地研究什麼地方適合什麼樣的料理，日積月累到了今天。

因此，風水的開運料理，對我而言只不過是從小以來的家常便飯。

混合食為的是運氣

古時候的人常說：「混合食不當會弄壞肚子」。混合食中最具代表性的不良菜單是羊肉和梅乾、天婦羅和西瓜。

相信有不少人曾聽祖父、祖母教導，什麼和什麼不可一起吃等等。日本江戶時代有一本貝原益軒所著的『養生訓』，其中記載著高達數十種類混合食的例子。

但是，現代人卻認定「混合食只不過是一種迷信」，尤其是年輕人似乎已不在意混合食的內容。

其實我也是「隨意族」的一員，但有一次突然想到一個問題：「混合食難道毫無根據嗎？」於是針對「混合食」做了一些調查。

結果，發現一個非常有趣的事實。

原來在風水上混合食通常是不好的。並非「肚子疼」或「腹瀉」等物理

上的影響，而是運勢不佳、運勢跌落等組合。

譬如，梅乾和鰻魚。

梅乾是圓的，圓的東西誠如「處事圓通」，可以改善人際關係，尤其對於和長上之間的關係會產生作用。

至於鰻魚，其實它也是具有提升人際關係的運氣的食物，但它的作用主要在於「與異性結緣」。

同是人際關係，其一是與長上間的關係，另一是與異性間的戀愛運，混為一起自然會失去平衡。

正如同搭一條船，船上的水手所設定前往的島嶼如果是零零散散，有些人往那邊划，有些人往這邊划，船根本無法前進。

如果像「不動產運和人際關係運」一樣，食物所擁有的運氣風馬牛不相及時，就不會消毀彼此的平衡。不過，即使擁有相同的指向，而目的實則有微妙的差異時，產生齟齬乃理所當然。

還有鰻魚與西瓜的混合食，這也是「圓形和長形」的組合，所以，變成

「目的不同的一條船」。

『養生訓』中還有「螃蟹和紅柿」的混合食。螃蟹主要是帶來直覺力的食物，同時還具有「秀才」、「才女」的力量。

至於紅柿除了可以融合人際關係外，還具有「天真浪漫」、「可愛、無邪」等力量。

秀才和天真浪漫、才女和純真無邪。毫無疑問是難以兩立的範圍吧。

由此可見，「混合食」之所以不好，我認為其實是因為運勢的組合不佳吧。古人也許是從經驗上得知這個事實。

但是，一一仔細說明「某某食物為什麼運勢不好？」頗費唇舌，因此才威脅人：「這對身體不好！」讓人不要去接近它吧。

古人常有這樣的行為。

舉例而言，方位學中的鬼門。其實只要小心處理，鬼門一點也不可怕，但要娓娓道來其間的原委頗費周章，因此，才用威嚇的方式告誡我們：「鬼門很可怕」。

我認為混合食也是同樣的道理。當然，這只不過是我個人的見解。不過，也不可以突如其來的叫人「相信混合食」。只是混合食確實有風水上的應用法。

攝取流行的食物

風水認為時節所流行的東西具有好運。這是基於所謂流行乃運氣的流向之觀念。

常有人瞧不起趕流行的人，認為：「對流行趨之若鶩乃沒有品味的證據」，但風水卻建議人率先擁抱流行。「不被流行束縛，選擇基調的服飾」這種做法是傻瓜的行為。流行的東西大大歡迎。您覺得有趣吧。

在服飾方面，每年都有它的流行趨勢，其實每次的流行正是因為「穿著流行物品，大家才能同等擁有幸福」這正是流行的動力。

關於流行服飾不再贅言，而食物也是一樣。每個時代的各個時期都會流行帶來好運的食物。以下來看幾個例子。

一九九〇年左右曾流行義大利產的餅乾，名叫堤拉米斯。義大利位於日本的正西方。西方具有結局或結果的涵義。果樹結果而成熟，就要落地之前的印象。

九〇年正是泡沫經濟正要結束的時期。這時候一定會流行西方的料理。而堤拉米斯這個餅乾上面覆蓋著一層可可亞麵皮，色調上屬於茶色系。茶色代表大地的顏色，隱藏著「差不多該這個時候落腳了」的訊息，這正是每個人的心態表現吧。

九二年整個日本流行著九州的名產——內臟火鍋。內臟火鍋的「內臟」這個材料，非常簡單而實在。而火鍋具有家庭運的力量。

當時，泡沫經濟已崩潰，加班的日數減少許多，全國各地無形中孕育出一種重新評估家庭的機運。日本人開始反省：「以往一直在外頭拼命幹活，太不重視家庭了」。

而且，火鍋所使用的材料並非螃蟹或河豚，而是廉價的內臟。以前為求美食揮金如土，但這時大家都已意識到行之過度的不當。

因此，內臟火鍋帶來的風潮，從某個觀點而言，可說是代表反省泡沫經濟時代的料理吧。

相反地，以往粗茶淡飯的生活已令人厭倦，今後吃豪華一點吧。這時一定會開始流行蝦子、螃蟹或河豚等料理。當螃蟹、蝦子流行時，可以看出景氣漸漸好轉。

九三年流行一種菲律賓食品，叫做納塔德可可。菲律賓位於日本的西南，西南具有家庭運的運氣。

這也是表示「回歸家庭」的食物。

九三年後半，開始流行五百日幣的起司蛋糕。

起司蛋糕之類的乳製品代表人際關係，它具有自己積極擴展人脈的力量。譬如，豆腐同樣具有提升人際關係的力量，但它是屬於靜候朋友聚集的運氣。而乳製品則帶有自己變得活力充沛、主動拓展人脈的印象。

這也是基於泡沫經濟的反省，人們漸漸覺醒到真正值得信賴的並非金錢或土地，而是人群之間的信賴關係時的食物。

由此可見，流行的食物並非偶然產生，乃是肩負某個時代背景而問世，這就是風水的觀念。風水中並無所謂的偶然，它認為所有一切的事物會必然地發生。

總之，流行的事物中必有各個時代所想要的運氣，所以，請各位不要對「流行的食物」嗤之以鼻，積極地攝取吧。

愛慕虛榮的人才會有運氣來到喔！

風水飲食開運法的不同之處

風水開運料理和藥膳不同

中國人自古以來即重視食物和疾病、運氣之間的關連性。而重視食物與健康之關連性的料理，就是藥膳料理。藥膳認為酸的食物對內臟、眼睛有效，苦的食物對心臟、腦、精神有益。

另一方面，風水是把「食物和運氣」相提並論。這正是藥膳與風水料理之間的不同點吧。

最近，也看見介紹利用藥膳的「風水料理」的報導。主要是改善血行、氣流而招運納福的觀念，其訴求的主旨並無誤，但其困難點是，使用的料理是一般人難以購得的燕窩等高級食材。而料理方法又繁複精緻，絕非一般人可以處理。

在這一方面，我所提倡的風水料理是一般人平常進食的東西。「利用魚翅拉攏家庭運」聽完此言恐令人傷腦筋，但如果說炸雞塊可增強財運，或利用火鍋消除家庭不和，一點也不強人所難吧。

我的風水開運料理所自豪的正是，在日常飲食生活中即可隨心所欲地攝取。

料理的「常識」是運氣的「非常識」

風水的開運料理完全不在意傳統對飲食的常識，或一板一眼的規則。

譬如，法國料理配啤酒喝也無所謂。

我想有些人也許會憤怒並指責：「法國料理一定配葡萄酒喝，肉類配紅酒，魚類選白酒，這才是常識！」但是，風水上一點也不在意那些嚴肅的禮儀或「常識」。

法國料理配紅葡萄酒喝，果真能帶來運氣嗎？其實，有時反而變成運氣的最差組合。

我們在用餐時，常漫不經心做選擇，例如「暫且來個漢堡吧！」或「便宜就好，吃拉麵吧」。

但是希望各位在選擇菜單時有所轉變，例如：「這家餐廳的漢堡不好吃，但想到今天要做的事，還是在這裡吃漢堡吧！」或「今天很想吃咖哩飯，但這時候吃咖哩飯會使約會失敗，還是改吃麵吧！」抑或「目前有點缺錢，既然要吃飯，不如吃提高財運的雞肉料理吧！」

為了幸福，希望各位能考慮菜單。

不過，並非每餐每食都要做這些選擇。如果每次用餐都要顧及做何選擇，恐怕會造成慾求不滿。

風水的開運料理只是一個指標，一天吃一餐就足夠了。或者在重要關頭集中性地攝取開運料理，例如：「接著將參加重要會議，吃一些提升企劃力的食物」。

從今天開始改變飲食方法！

一般人常以為食物只對肉體產生影響，對精神方面毫無關係，其實並不然。

據說我們人體的細胞約三個月會新陳代謝，如果改變食物，自然可改變體質。

自古以來俗稱肉食者肝火較大易動怒，菜食者個性溫和較沉著。

從前，日本職棒西武Lions的教練廣岡先生，讓選手們實行蔬菜食。結果，據說選手們欠缺鬥爭心，相反地，對教練卻是言聽計從。

甚至還留下一段插曲，當時看此景況的日本火腿隊教練大澤先生（當時）諷刺的說：「又不是山羊或兔子，光吃草還能作戰嗎？」總之，他是「日本火腿」的教練，自然排斥菜食主義，不過，既然有這樣的事實，可見食物不僅對肉體，對人的性格也會產生重大影響。

而我認為除此之外，食物還會改變人的慾望或夢想。我們常說人的生活深受環境影響。夢想或慾望也會因個人所處的環境而不同。所以，我們說環境創造人、製造夢想一點也不爲過。

環境其實包羅萬象，而對我們影響最強的還是氣候。因氣候不同所孕育的素材不一樣，味覺也改變。

我們常說出外旅行時，要注意水質。這是因土地（氣候）也會改變水質。在同一個國度內各地的水質也不盡相同，更何況是在外國。

換言之，因土地的位置會使食材本身的力量產生極大變化。而攝取食物的人所擁有的慾望或夢想自然也會改變吧。

由於交通網的發達，我們幸運地可以取得國內甚至世界各地的食物。如果在從前，只能食用自己土地收穫的食物，因此，根本無從開運。生活在現代的我們，如果不積極享受這個文化的恩惠，恐怕會遭天譴。

請各位儘量進食各種食物，懷抱各種夢想吧。

●小林先生的開運專欄

魚　板

魚板是魚漿加工後的食品。一般是放在一塊木片上出售。魚板是我最喜愛吃的食物，和長輩碰面或工作場合迎接重大客戶時，常吃魚板。

魚板的顏色白，呈圓形狀。放在木片上的魚板具有「躍登舞台展露才華」的力量。換言之，碰到下定決心簽定某項契約或找到工作時，最適宜進食的食品。每次我在工作上碰到「緊要關頭」時，都是吃魚板培養運氣而獲得成功。

日本文豪谷崎潤一郎住在小田原，平日就是享用他最愛吃的魚板而留下無數佳作。小田原有許多美味可口的魚板，我最中意的是「鈴廣的魚板」。所謂見賢思齊，我也效法谷崎潤一郎積極的吃小田原的魚板。

第二章

運氣是由食材和料理法而決定

認識食物內含力量的基本

食物所具有的力量為何？

前面提到，食物會使人改變，運氣產生變化。接著再為各位更詳細的說明，食物所具有的運氣為何。

食物所具有的力量大致可區分為三種。

第一是，食物被收成、生產的方位所具有的力量。

衆所周知，風水極重視方位。東西南北各有其獨自的力量，它的力量不僅影響走到該處的人或物，當然也涵蓋所收成的食物。

另外，食材本身也具有力量。

自古以來，風水有一貫的主張：「某種食物具有某種運氣」。

譬如，馬鈴薯或紅蘿蔔等根菜，會使人變得執著剛強。

此外，和食材的「顏色」也有關係。

最近，我所提出的主張：「黃色會帶來財運」漸有口碑，每次我前往演講，有些女性會穿著極其華麗的黃色套裝出現，告訴我：「老師！我也可以變成有錢人！」其實黃色所具有的力量，也適用在食物上。

再者，味道也會使運氣改變。

同樣是菠菜，清燙後調理成酸味來吃，和加些芝麻做成甜味來吃，其中的運氣並不相同。

同時，還有個人的本命星與食物之間的投緣性。

換言之，這些「混合技術」融合成一道風水開運料理。不過，全數習得這些技術可不簡單。以筆者而言，花費四十多年，到了最近才可以傳授給他人……。

因此，本書把重點置於招運的代表性菜單，而非艱深的法則。

本章為了讓各位充分活用，使用代表性菜單的開運術，對於風水開運料理的最基本法則，做極簡單的整理。

基本1 ＊方位

認識方位具有的運氣

如果記住方位所具有的能量，幾乎可說已學會風水開運料理之第一步。

譬如，北方位表示親愛或性愛。如果渴望和女友的關係如膠似漆，就應攝取北方位的東西。假設你住在東京，就應選擇位於東京之北方位的秋田產的米或酒。

「約會後最好能去賓館」若有這樣的居心，如果不活用北方位的力量，一定無法如願以償。

次頁標示了各方位具有的熱能。

請參考此表，大致掌握那個方位所採收的食物具有何種力量。

如果不清楚某食物是在何地採收，只要看清楚所購取的商店是位於自宅的那個方位。

方位	能量的特徵
北	親愛、人與人的信賴、體貼、沉著、夫婦圓滿
東北	變化、財運、瞬間逆轉、革命
東	流行、集中力、元氣、挑戰精神
東南	人際關係、婚姻、信用
南	美術、教養、人緣運、企劃力、技術力
西南	親子關係、不動產運、子女運
西	財運、品味超群、娛樂的能力
西北	事業、上司運、勝負運

因為，只要從某方位來到自己的家，就能接受該食物原本之方位的某種影響。

另外，購買北方位的食物時，儘可能從位於自家之北方位的超級市場購得，如此更十全十美。

「今天務必抓住她的心！」在這種一決勝負的關頭上，希望能夠用一直以來對方位的堅持去面對。

基本2 ＊素材

認識素材具有的運氣

各種食物中各有其獨自的力量。在此區分為肉類、魚類、蔬菜類，做一番綜合整理。這是判定食物的運氣最容易清楚瞭解而重要的基準，務必審慎測定。

①肉類

根據肉類品種而有不同。

首先，雞肉、牛肉會提高財運。

雞肉具有生意興隆的力量。這是具有利用宣傳、口碑、面洽等直接的營業活動，使商品暢銷而營利之運氣的食物。經營商店或營業員，應積極攝取雞肉料理。

牛肉具有紮根努力，耗費功夫成就大工作的運氣。人際關係改善，日後一鼓作氣創立大事業建立雄厚財產。

豬肉是提高事業運的最佳食品。它具有精力充沛地四處活動，表裡如一而踏實努力之後，獲得周遭肯定而在事業上掌握成功的運氣。

總之，正逢盛年的上班族、職業婦女所不可或缺的，可說是肉類料理吧。

②魚貝類

白色魚肉具有加深男女感情的力量，而紅色魚肉則具有對任何人敞開心胸廣結友誼的力量。

對戀愛或人際關係煩惱時，吃魚一定可以使運氣好轉。此外，貝類具有相當於蝦、蟹等甲殼類的力量。無法購得甲殼類時，可用貝類來取代。

甲殼類誠如後敍，可以提高直覺力，不僅如此，還具有憑努力將直覺所獲得的靈感具體成形的力量。

③甲殼類

蝦、蟹等甲殼類具有增強直覺力，提高企劃力的力量。同時，還具提高人緣運的作用，可說是上班族不可或缺的食品。

甚至，還能發揮文才，擁有閃耀才能。每次我在寫雜誌或書籍的稿件時，一定吃螃蟹。

④蔬菜類

蔬菜是從大地攝取的食物。大地代表母愛。因此，蔬菜類整體而言是能提高家庭運的食物。

至於根菜類，可增強耐性或緊要關頭的執著力。請你讓正準備考試的孩子，每餐一定吃根菜類。

不過，應特別注意的是，吃得過量恐怕會導致直覺力的衰退。可配合甲殼類或貝類來吃。

除了蔬菜之外，吃當季的東西也非常重要。

因為，當季的食品擁有更多的大地精髓。現在流行所謂室內栽培，任何蔬菜一年四季都吃得到，但人所需要的食物，追根究柢還是在應該收成的時期採收的作物。

吃當季的食品，會使人活力大增。

尤其是吃時節的東西，吃之前最好面向東發出聲笑三次。

東、三、笑聲都具有產生「元氣」的作用。它可以使吃時節食物更具效果。每次吃時節的食物，我一定這麼做。

咦？不會被旁人覺得奇怪嗎？沒問題，我會要求在坐者跟著我做。

⑤豆腐、豆腐的加工品

豆腐具有北方位的力量，會產生增強男女間親密關係的作用。使兩人成為具有性愛關係的親密愛人。

下定決心抱定今日務必與男友更進一步的人，不妨二人一起吃冷凍豆腐或湯豆腐。

⑥麵類

麵類的形狀是長的。

長的東西具有「結緣」的運氣。因此，最適合改善人際關係。日本人非常喜好麵條或拉麵，也許這乃「重視人和」的國民性表露吧？

如前述，最近五～六年，當我在東京時，每天早上一定吃麵。

因為這個關係，這幾年來人際關係大幅拓展，其中也產生許多重大的商機。

除了麵條之外，義大利麵或烏龍麵也行。若想改善人際關係，請儘量吃麵食。同時，除了麵類外，所有長條的食物都具有串連人際關係的力量。如鰻魚、白帶魚、冬粉都屬長形食物。

⑦牛奶、乳製品

具有拓展上下、長幼的人際關係或商業網路的運氣。不過，它彷彿背後

第二章　運氣是由食材和料理法而決定

的支持者而非立即有效。

總之，使用牛奶、起司或奶油的料理，有助於積極開拓人際關係。

⑧麵包和米飯

在餐廳常被侍者詢問：「用麵包或米飯？」不論選擇麵包或米飯，都會影響那一頓飯的運氣。

對東方人而言，米飯遠比麵包的位階更高。因為，從自古以來人們把米供奉在祭祀神明的事實來看，東方人一直對米飯極爲重視。

所以，當其它料理的運氣並不好時，只要選擇米飯，則能使吉凶調和。

麵包因可以做成三明治，因而具有包含事物的綜合作用。它適合各色人等的口味，因此，無論何時何地，吃起來都無礙。

我和一群志同道合的伙伴用餐時，會選擇麵包。

如果口含著米飯並與同桌者交談，米飯恐怕會噴口而出，但麵包則無此顧慮。因為，它是最適合志同道合的伙伴們閒聊著用餐的食物。

另外，三明治或披薩也具有提升獎券、賭博的運氣。

⑨蛋

向新事物挑戰時，使人更具積極性。

碰到欲振乏力或不知如何著手而大傷腦筋時，它是最具效果的食物。同時，當工作陷入老套而渴望有所變化時，適合吃蛋料理。

早餐的菜單上最常出現蛋料理，這也相當符合「產生幹勁」的風水作用。

⑩酒類

〈日本酒〉

日本酒具有串連人際關係的運氣。它是男女間、親子間、夫婦間，尤其是訴諸感情的人際關係之特效藥。

因為，日本酒是由大地精髓的米和地下水釀造而成。長久以來最適合日本人體質的酒。日本酒中充滿著日本這個國家的力量。當然也具有左右感情的力量。

希望和某人有深入交往時，即使剛開始喝啤酒，途中可改換喝日本酒。

另外，招待由海外而來的生意對象時，日本酒的交情作戰也具效果。對方一定可以充分理解我方的情況。

〈啤酒〉

啤酒最適合大夥兒不分彼此起鬨著嘻鬧時來喝。由於它是具有使人開懷暢談的飲料，因而不適宜一個人喝悶酒時。

同時，啤酒也適合任何飲料且合乎口感，因此，不知選擇何種酒類時，就選擇啤酒吧。人們常說：「暫且來一瓶啤酒！」這句話據實地傳達了啤酒的性質。

〈威士忌、白蘭地〉

威士忌、白蘭地具有展現提高自己格調的作用。

日本酒是具有使人忘記階層高低而相處融洽之運氣的飲料，但威士忌、白蘭地則適合保持原有社會階層的關係。

因此，可以和長上或上司等位階較高的人一起飲用。可以獲得長上的信賴。

葡萄酒產地	具有何種運氣
美國	健康運、新的人際關係運、發明運、人緣運
法國	財運、事業運、不動產運
德國	事業運、中獎運、健康運
澳大利亞	演藝運、人緣運、企劃力、變化
中國、義大利	買賣運、財運
墨西哥	人際關係運、旅行運
日本	人際關係運、財運、不動產運、安心、提高信賴感等

〈葡萄酒〉

略微正式的用餐所不可或缺的是葡萄酒，根據其產地而有運氣上的變化。

有些人常一味地認定：「葡萄酒一定非得法國某某產地的才行喔！」但這種態度無異眼睜睜地讓難得降臨的運氣從手中溜走。

葡萄酒不限定某年代產物，一瓶兩三百塊的便宜貨也可以。我當然也重視口味，但選擇葡萄酒時更重要的乃是以它具有何種運氣為優先。

風水所抱持的觀念是，古老的物品通常沒有運氣。因此，在渴望發展鴻大的事業運或名譽運時，即使出現多麼難得的年代產品之高價葡萄酒，在風水上一點也不覺得慶幸。

當然，並非叫大家只挑新上市的葡萄酒。平常仍可享受自己喜愛的葡萄酒，只在重要關頭選擇「運氣好」的葡萄酒。

⑪點心

點心通常是蛋糕或冰淇淋等甜食。大概沒有人會說：「不，我通常吃生醃烏賊當點心。」

甜食具有西方的運氣。換言之，可以帶來財運。

因此，想要金錢時，務必在餐後吃點心。

尤其是一趟豪放旅遊之後，錢財散盡之時，吃點心更能發揮它的威力。因為，這可是錢財用光時，當場帶回財運並使財運永無止境的秘訣。

不愛吃甜點的人，改吃香蕉或哈蜜瓜等甜的水果，也具有同樣效果。

⑫茶、咖啡

喝茶時間或飯後不可或缺的是咖啡或紅茶、而它們都具有帶來「轉換」的作用。換言之，最適合有點疲倦或調節氣氛時的飲料。同時，它們也具有綜合作用。

例如，即使用餐的運氣支離破碎，餐後喝咖啡或紅茶，可以使各種運氣有某種程度的調和。

一般會在咖啡、紅茶內添加奶精或砂糖，添加之後多少會影響運氣，牛奶是人際關係、砂糖是財運、檸檬是健康運，而白蘭地是人際關係運。總之，即使添加也是微量而已，作用並不太強。

此外，還有日本茶、烏龍茶或抹茶，它們本身並沒有吉凶之分。但烏龍茶比日本茶或抹茶較具有財運及事業運。

基本3　＊顏色

從顏色瞭解運氣

食物因其顏色而有運氣上的極大變化。

在此暫且區分為紅、黃、茶、透明、米色、黑、綠。

大致掌握顏色的運氣，有助於判斷食物的吉凶。不過，同樣顏色也會因放在其中的材料而有變化。請和文後敘述的素材之運氣或產地（方位）做綜合判斷。

①紅

番茄醬或番茄、番茄調汁、紅蘿蔔、蘋果等可說是代表性的紅色食物吧。

在減肥的單元中也曾提及，紅色是元氣極為充沛的顏色，當然會給飲食者帶來活力。

同時，也具有提高靈感或企劃力的功能。和提升企劃力的食材之蝦、蟹等配合紅色做成的料理，譬如蝦仁綜合壽司，是最適合提高企劃力的料理。可在重要會議或擬定企劃書之前來吃。

②黃

提起黃色，最具代表的料理無非是咖哩。此外還有蛋或玉米及黃色青椒等。

黃色是，帶給人在精神上增強最後一把勁或耐性的顏色。因此，碰到「在這緊要關頭卯足勁勇往直前！」時，最好吃黃顏色的食物。

而各位知否？黃色也是具有提高財運的顏色。如果和增強財運的素材搭配更具效果。

譬如，雞丁咖哩具有生意興隆財源滾進的運氣。而雞肉咖哩則是蓄財的運氣。

如果是添加蝦子等海鮮咖哩，創意及靈感會產生作用，從這些方面提高財運。

添加馬鈴薯、紅蘿蔔等根菜的蔬菜咖哩，會產生耐性並提高不動產運。

而放入奇異果或香蕉等水果咖哩，健康與財運兼得。具有奮發努力工作而提高財運的運氣。

③ 茶

茶色的食物，首先一提的是味噌湯或油炸食品。

茶色食品在運氣上，具有和其他食物充分協調的作用。換言之，它是提高整體運氣的顏色。習慣喝味噌湯的日本之飲食生活，正十足地表露，「以和為貴」之國民性吧。

而味噌湯根據其中所放的食材，也會改變運氣。

例如，嫩海帶和豆腐的味噌湯。豆腐代表兒女運或愛情，嫩海帶表示友情與活力。嫩海帶與豆腐的味噌湯是最普通的組合，但其實它具有讓全家人和諧相處，建立開朗家庭的作用呢！

總之，煮一碗茶色的味噌湯，不僅可使用餐的營養取得均衡，也能大幅提升「運氣」的平衡。

④ 透明

湯類、洋菜、甜湯、果凍、細條白蒟蒻等都是透明的食物。

透明的顏色代表男女間的愛情。而且是比較正式的關係，並非在室內而是在戶外會面的男女間的力量。因此，約會時二人一起吃甜豆湯，必能提高親密度。但是，必須注意的是，這個關係並非適合家庭（結婚）的運氣。

此外，透明的食物也會根據其中所添加的食材或組合，使運氣改變。以湯類而言，如果二人一起吃湯中放有使男女關係更為親密的白色魚肉，當天可以期待攜手走向賓館。

⑤ 米色

白色也包含在內。奶油白菜、牛奶燴菜、豆腐等都可分類為米色吧。

米色具有改善上下人際關係或親子關係的力量。碰到「和公司的老闆相處不來」時，不妨和那位上司一起吃奶油白菜。

家庭裡的親子關係進入僵局時，米色食品也能帶來效果。而且，摻入多量蔬菜更具效果。因為，蔬菜是象徵大地與母愛的食物。

⑥黑

黑色食材，首推黑芝麻或黑豆。

黑具有不願意暴露真心，表現更高格調的自己而隱藏不安要素的作用。

因此，碰到不願意過度暴露自己的場面，譬如，與客戶用餐或和平常覺得不好相處的人吃飯時，最好選擇吃黑色的食品。

不過，在相親的場合，千萬不可吃用花枝墨做成的義大利麵。因為，可不能讓對方懷疑：「這個人到底在想什麼？」

⑦綠

它是代表「安全、安心」的顏色。風水的解釋也一樣。

諸如豌豆仁湯、芥藍菜等都是綠色食品。

身體情況不太好的人，胃腸不佳者，應積極攝取綠色食品。

我本身年過四十大關之後，每天早晨一定吃添加蔬菜的綠色麵條。這碗綠色麵條正是我健康的泉源。

運氣會因調理法而改變

增強力量的「火」的作用

供奉神明的祭品，正式的做法據說是供奉用火煮熟的東西。而火有兩個種類，可用太陽的火或燃燒的火。

以鮑魚為例，從前是晒乾或做成料理再供奉神明。

為何要透過火？

因為，透過火後，料理者的「心情」才能融入。藉由透過火使料理者的「氣」融入料理中。

我常說：「吃運氣好的妻子所做料理的丈夫必會出人頭地。」就是這個道理。

人是指「使用火的人」。人類的發明中最重要的是使用火，使用火也是人類文化的首要基本。

因此，請各位務必更留意火的作用。

同樣是一家人，在同一個時間、同一個飯桌用餐的家人，和用餐時間各自分離、常外食的家人，整體的凝聚力自然不同。

總而言之，同吃一鍋飯，可以凝聚一家人的心。

「同一鍋飯」建立圓滿的家庭

我有一個從事工業設計的朋友，簡稱為S先生。他在某大廈租一間辦公室。S先生辦公室的隔壁房間，有一家四口租賃而居。但是，那棟大廈是辦公室格局，雖有廚房卻小得可憐，僅有煮開水用的電爐。

S先生雖事不關己卻也擔心：「隔壁有小孩，到底怎麼處理三餐？」

果然不出所料，據說那戶人家的三餐完全外送，門前隨時堆滿著一堆餐盤。小孩早上上學時，也是用外送的披薩或超商的飯糰裹腹。

但是，那戶人家的孩子是令人棘手的小壞蛋，有時會從陽台護欄偷跑進別人家裡，把房內弄得亂七八糟，還盜取東西，令人傷透腦筋。據說S先生的事務所也曾被破壞，搞得人仰馬翻。

在廚房沒有火的家庭成長，兒童誤入歧途可說是理所當然的趨勢。我想各位從上述的事例，應可明瞭「同吃一鍋飯」是何等重要。一家人圍坐著吃融和著母親的「氣」的飯菜之家庭，絕不會有夫婦失和或兒女行為不良的情形發生。

在教育兒女時，人們常說：「讓他吃外頭的飯」。前面提及「水會改變」，而火的改變對人也會造成重大影響。

火和水可看成所有一切運氣的源頭。由此可見，使用此兩者的料理，對人的運氣有多大的影響。

我常說：「瓦斯爐骯髒會使運氣跌落。請保持瓦斯爐永遠潔淨。」因為，瓦斯爐骯髒，是表示弄髒了重要的「火」。希望各位永遠保持廚房清潔，尤其要讓使用火的瓦斯爐經常光鮮亮麗。

再者，從家的中心點來看廚房位於東西南北的那個方位也非常重要，它會對做料理者產生重大影響。有關這一點，請參照筆者其他著作。

避免微波爐的多重運用

既然說到火的話題，順便來談談微波爐。

微波爐在目前相當普及，幾乎一戶人家有一台。多數人在日常生活中使用這個家庭利器。微波爐是利用電磁波組合物質的細胞組織，使其活性化並加熱的結構。

因此，在風水上具有比火氣更強的火力。

因為使用鍺療法而受衆人矚目的工學博士淺井一彥先生，在十五多年前曾說：「微波爐會重新組合細胞，因而使植物中的氧流失。既然如此，為了消化該植物，必須供給體內的氧。所以，進食用微波爐料理的食品，體內的氧會漸漸被剝奪而陷入缺氧狀態。」

有人說智能遲鈍的兒童是因體內氧氣不足所造成，可見細胞內的氧是非常重要的。

田徑競技中，有一項訓練是「高地訓練」。那是藉由在高聳缺氧的場所做訓練，以提高體內氧氣保有率，如何在體內蓄積更多的氧氣，乃是這項訓練的目的。

換言之，人體內保有氧氣才能保持健康、湧現活力。淺井先生認為，恐怕會減低體內重要氧氣的微波爐，很容易變成各種疾病的根源。而美國最近提出使用微波爐會導致癌的報告，似乎給這個意見做了佐證。

我家在二～三年前尚未使用過微波爐。現今所擁有的是朋友的禮物，而且幾乎原封不動。

在緊急的時候，微波爐的確是非常便利的調理器具，但廣泛使用微波爐的料理倒應戒慎。

風水所說的「過火」，是指炙熱燃燒的「火」。希望大家儘可能攝取經過火的食物。

懂得其他方面的力量

利用食物的味道區分運氣

運氣會因食物的味道而有不同。

同樣是紅蘿蔔，用糖或用醬油燉煮，結果會改變紅蘿蔔所具有的力量。不過，我們的食物會有「甜又鹹」或「甜又酸」等調味，事實上有許多是百味雜陳的複合食品。

幾乎無法單純說是「這個料理是甜的」或「這個料理是鹹的」。因此，要根據料理的味道來活用運氣也許有些困難。

基於上述理由，在此簡單地做成一個表。希望各位當做參考。只要記在腦裡當做參考就行。

味道	有何種作用
酸	產生幹勁、擅長掌握時機
辣	提高反應力
甜	增強財運
鹹	改善人際關係、男女間的感情、擅長掌握時機

小林先生的開運專欄

食 器

人在吃東西的時候，不僅食物，從食器也能吸收運氣。湯碗或茶杯等，只要是直接與口接觸的物品，對人造成的影響更大。

食器儘可能使用好貨。我用的食器全部都是有田燒的源右衛門之產品。素色底上染著獨特而優美的花紋，彷彿精雕細琢的藝術品。藉由使用這些食器，我自己也擁有獨創性的力量。

好的食器價格不低，但只要想到一年三百六十五日，甚至一生都在使用，算是相當便宜。

即使一個高達兩、三千塊錢的食器，只要一年到頭每天使用，一天的「原價」還不足十塊錢。

希望大家購買好的食器，珍惜它並長久使用。

第三章

吃法改變你的運氣

使運氣跌落的吃法

你的吃法為何不行

前面根據素材、產地、顏色及味道所具有的力量，將食物本身的運氣做了一番分類。

至於這些運氣，並無何者最重要的優先順序，各個都同等重要。

換言之，綜合思考這些要素後，才能擬定一份「運氣好的菜單」。

覺得無法全部記住要領的人，請參照第四章所介紹的「實現你的願望的運氣別菜單」。那是根據各種運氣介紹代表性的菜單。

那麼，各位讀者不妨再次從「風水」的觀點，重新反省自身或家人平常的飲食生活？

抱怨：「孩子怎麼不讀書？坐在書桌前不到兩分鐘就跑去玩了？」的母

親，可曾讓孩子吃滷味呢？即使讓孩子吃青菜，是否以芹菜或番茄等生青菜為主呢？如果不讓孩子常吃馬鈴薯或紅蘿蔔等根菜類，孩子是無法產生「耐性」。

同時，徒嘆阮囊羞澀卻又成天吃拉麵的落魄上班族的你。老實說，這種飲食生活只會離財運越來越遠。不妨勉強自己吃一客牛排吧！

「身邊的朋友個個都結婚了，只有我到了這個年紀還賣不出去啊！」為此徒嘆無奈的小姐。請趕緊吃義大利麵或鰻魚。

此外，「長年的辛苦終於得償，總算也當上經理，但在部屬間卻不得人緣。」意氣消沉的老爹。一個人寂寞地在路邊的小酒攤喝悶酒，運氣也不會來臨的呀！應該奮發圖強，點些蝦或蟹來吃。就算是「大龍蝦」吃到飽也無所謂。同時，情緒消沉時，應該儘量攝取使人產生活力的紅色食品。

怎麼樣？您大概已經瞭解自己的飲食生活是多麼地忽視「運氣」了吧。但是，希望各位今後能改變成注意到運氣的飲食生活。

我曾說，運氣好的菜單無需每餐攝取，一日一次即可。不過，當時所寄望的運氣只限定一項。絕對不可把各種想獲得的運氣全部混雜在一次的飲食上。胡亂組合，反而會分散食物的運氣，使效果減低。

同時，儘可能不要「今天那個運氣、明天這個運氣」地更替，最好鎖定某個目標在一定期間內進食。

至於吃多久才會產生效果，有個人差異，一般而言，連續三個月，每星期吃三～四次，情況必會改變。

總之，不要貪得無厭，最好鎖定某個目標。因為，一旦獲得某個運氣後，在設定下個目標即可。

減肥是否會使運氣也變成空腹？

據聞最近頗流行用蒟蒻減肥。

蒟蒻原本是從一種叫蒟蒻芋的芋頭製作成的食物。而蒟蒻芋是可數次連根栽種的農作品。從這種芋頭做成蒟蒻丸，然後再加工成我們所吃的蒟蒻。蒟蒻非常便宜，卻是頗費功夫的製品。從這個過程來看即可明白，蒟蒻具有

「定期反覆」的運氣。

減肥必須每日持之以恆。所以，蒟蒻的特質也許是廣受減肥者喜愛的原因吧。

而蒟蒻減肥本身是起源於從前流行過的「Haimannan」（將蒟蒻粉末化的減肥食品），經過一段時間之後，蒟蒻減肥的風氣數次重複流行。這也是有趣的現象。

而稍早也曾流行蘋果減肥。

蘋果如衆所知，是紅色的食物。不必以鬥牛為例就能明白，紅色是挑起鬥爭心的攻擊性顏色。同時，也是產生活力、呈現青春氣息的顏色。

從這些方面來看，蘋果和「減肥也能保持健康與年輕」的形象結合，因而受到歡迎吧。我認為蘋果減肥的重點在於那個「紅色」。

從風水學的觀點來解析減肥，也是挺有趣的。

不過，減肥過度而搞得形體消瘦倒也值得考慮。

但是，我並非基於學者們常說的「基於營養學該怎麼樣怎麼樣」或「對身體不好」等觀念，而對減肥持反對論。

而是自古以來太瘦的人給人一種薄倖或病弱的印象。不僅是印象，事實上貧窮而薄倖者因無法充分攝取飲食而消瘦。

「福態」這個詞本來是讚美人的。但在現今減肥風氣盛行下，「福態」反而不受人歡迎。但是，福態的「福」乃幸福的意思。

當然，皮下脂肪太多的胖子令人不敢領教，但事實上人長得有點福態較容易招攬運氣（可不是因筆者是屬於福態型的人）。眼看有錢的富翁，一般而言多半是體態豐腴者。太瘦的人的確是較難掌握運氣。

所以，胡亂減肥的小姐，如果減肥過度變得太瘦，連運氣也減掉，豈不是得不償失。

因減肥而使運氣變成「空腹」是不行的。尤其是以拒食來減肥是最差勁的做法。原本應該來臨的運氣也過門不入。

若要開拓運氣，務必確實攝取三餐飲食。

何謂開運飲食法

縱然面前擺著帶來鴻運的菜單，在飲食法上略有疏忽，恐怕無法運用難得的運氣。換言之，某些飲食法會錯失運氣，反之，也有更加活用運氣的飲食法。

活用菜單運氣的飲食法

活用運氣的飲食法之基本，唯有「前呼後應」的法則。若是西餐，務必攝取前菜與糕點，若是日本料理，一定要吃下酒菜和最後的一杯茶與換口味的菜餚。最初和最後的菜單前後呼應，餐飲過程的內容不拘。

如果你想擁有財運，只要選擇雞肉沙拉做前菜，飯後點小蛋糕當點心就能達成心願。

總之，挑選適宜財運的菜單。

不過，如果不點餐後的點心，務必在主菜上點叫帶來財運的菜單。

常見有人起初點叫一些適當的料理，再告訴服務生：「等一回再看菜單」。這是相當離譜的事。如果想增強運氣，應該一開始就在腦中精打細算地組合菜單。

「不知道能吃多少，所以……」這種態度也不行，總之，最初和最後所吃的東西影響最大。隨便點叫菜單，根本無法帶來運氣。

而主菜並不表示運氣也最強。

不過，既然已前呼後應地點好菜單，總不會隨便選個毫無關連的主菜吧。

攝取各種不同的食物，可以招來複數的運氣，在渴望某種運氣時，還是鎖定一個目標較好。效率絕對不同。

如果不吃全餐而吃套餐時，規則也是一樣。

以下舉數例來研究飲食法。

‧烤魚套餐

碰到這類套餐，重要的是考慮「那一個是主要運氣？」以烤魚套餐來看，秋刀魚代表人際關係、黃蘿蔔乾及菠菜是家庭運、米飯是事業運、而味噌湯表示整體運氣。

如果把家庭運也當做人際關係，這頓飯明顯的是改善「人際關係」的餐點。

這時，首先吃一口秋刀魚，然後留一口秋刀魚肉在最後吃就行了。

如果最近為家庭內的問題而煩惱，諸如「最近和老婆處不好」或「孩子適逢反抗期」的人，首先和最後吃菠菜或黃蘿蔔乾即可。

・炸雞排套餐

炸雞排是事業運、高麗菜與番茄沙拉和黃蘿蔔乾是家庭運、米飯是事業運、味噌湯可提高整體運氣。

想提高事業運，炸雞排或米飯在最初與最後吃，而想提高家庭運時，蔬菜類在最初或最後吃。

全餐料理和點餐料理何者有利？

任何人都明白，全餐料理的費用一般較划算。同時，點叫全餐，不必煩惱該選何種湯類。

但是，我多半會自己點叫料理來吃。因為，全餐料理的價格雖較划算，但

有時運氣一點也不划算。既然是點餐料理，可以完全由自己挑選料理，所以，可能組合出運氣好的菜單。

當然，全餐料理若和自己想要的運氣不謀而合，請不要猶豫，應當機立斷。

至於價格方面，老實說太便宜的東西沒什麼運氣。

因此，料理若有分上、中、下等級，運勢也呈上、中、下排列。想要擁有運氣，儘可能點叫昂貴的食品。

名人飲食面面觀

走運的人三餐的運氣也佳

雜誌上常有介紹演藝人員或名人的飲食報導。每次看見這類報導，令我最感佩服的是，榮登名人榜的人，他們的飲食多半都能帶來好運。

也許這純屬偶然，但在不同舞台上崢嶸頭角的人，也許從飲食就深受運氣之惠吧。在此和各位看看雜誌或電視上所介紹的名人菜單，探討一下其中的秘密何在。

・金婆婆銀婆婆

高齡一〇二歲的現在，仍然活力充沛、健康長壽的兩位老婆婆。不僅性格開朗，又有家人悉心照料，過著幸福洋溢的生活，簡直是人人渴望「像這樣長命百歲」的範本。

我們來看看金婆婆和銀婆婆在某雜誌上所披露的飲食菜單。

＊金婆婆某日的菜單

早餐・燜燉山芋、燜燒魚、油豆腐和蘿蔔的味噌湯、梅乾、稀飯

午餐・鰻魚、燜燉茄子、青燙菠菜、番茄

晚餐・鰻魚、燜燉馬鈴薯、燜燉茄子與香菇、鮪魚生魚片、味噌湯、稀飯

＊銀婆婆某日的菜單

早餐・海苔片、嫩海帶和洋蔥的味噌湯、梅乾、米飯

午餐・鰹生魚、加納魚生魚片、小黃瓜泡味噌、米飯、日本茶

晚餐・燉比目魚、比目魚生魚片、加馬鈴薯沙拉的漢堡、米飯

據說金婆婆最愛吃鮪魚等紅色魚肉，討厭喝茶，而銀婆婆喜歡吃白色魚肉，極愛喝茶，對食物的嗜好可謂南轅北轍，但共通的是一定吃經過火的食物。不談生魚片，以蔬菜而言，主要是吃燉過或炒過的溫蔬菜而非生蔬菜。

沖繩因有多數長壽者而聞名，據說是因常吃豬肉或該地的昆布品質極佳等。而沖繩的料理研究也非常盛行。當然，這些都是正確的，不過，還有一點我想強調的是，沖繩料理一定都經過火。

例如チャンプルー（炒的食物）或滷豬腳全是經過火的料理。如前述，經過火之後，火力會融入料理，具有適當綜合所有熱能的作用。

同時，藉由經過火讓我們處於較容易吸收食物的狀態。所以，我認為經過火的料理乃長壽秘訣。

尤其是金婆婆和銀婆婆二人，是全家人圍坐在餐桌上吃同一個火煮過的食物。沒有家庭壓力、家族圓滿，也是長生不老的必要條件。

此外，兩位老婆婆都大量進食馬鈴薯等根菜類。根菜是可大量吸收大地熱能，有如延年益壽的根源食品。

的要素。

我一再提及，吃根菜類可增強耐性，對人生諸事耐性是在所必要的。而且，吃根菜類後不再容易發怒。帶著平穩的心情過日子，也是長壽不可或缺的要素。

同時，一定喝味噌湯也是重點。味噌湯是茶色，所以，具有生命氣息之源頭的大地熱能。

總之，二位老婆婆的飲食是徹底的日本料理。幾乎不太吃肉，主要的蛋白源是魚，從前的日本人沒有吃肉的習慣。由此可見，兩位老婆婆平常只吃自古傳承而習慣了的食物。

看她們的飲食菜單，似乎不太在意「控制鹽份」。這也表示她們是憑自古以來調味攝食。什麼對身體不好呢？無非是突然改變從小所習慣的食物，這會對身體帶來嚴重負擔。因為，細胞已習慣從小攝取的飲食。

所以，在鄉下經常吃浸泡米糠的小黃瓜者，來到都市後跟別人一樣吃起炒飯，是行不通的。

從小已習慣歐美飲食習慣的人另當別論，否則飲食生活極具歐美化，從

「製造細胞」的風水觀點來看，也不是好現象。

‧池谷幸雄（明星）

在巴賽隆納奧林匹克的男子體操比賽，以精湛表現奪得銀牌的池谷幸雄。現在是個活躍的明星、體育新聞解說員。

池谷非常喜愛起司蛋糕等乳製品，牛奶似乎也天天飲用。前一陣子因某電視節目的採訪，拜訪池谷先生的房間，他的冰箱裝滿了冰淇淋、牛奶等乳製品（看看冰箱從飲食生活分析別人的運氣，是我的怪癖）。

乳製品意味人際關係或信賴、安心。特別是乳製品所具有的人際關係，帶著「由自己漸漸擴大交友圈」的力量。

我認為從體操界退休，轉往演藝圈發展的池谷先生，之所以能發揮長才展露頭角，主要還是他的人際關係好吧。同時，今後他應該可以在與人際關係為主軸的工作上成功。

・美川憲一（歌手）

因別人的模仿秀竟然人氣大旺、重振雄風的，首推歌手美川先生。其實以往十年左右的歌手生涯並不特別引人矚目，我想那段時期應過得相當辛苦。

但是，這幾年再次成為舞台上衆人矚目的焦點，我認為應該是開運行動使然。我看過足以佐證這個事實的報導。

據說美川先生非常喜愛「多福豆」，特地老遠從熊本縣購回。

多福豆發著閃閃黑光。黑色是渴望提升自己時能發揮力量的顏色，黑色看來樸素，實則是相當引人矚目的華麗顏色，尤其像多福豆會發出黑亮光芒的顏色，具有中年以後的運氣。甜食有西方的力量，西方的力量表示「中年以後的運氣」，而黑亮具有「燦爛奪目」的作用。

換言之，它的力量是「深藏不露者到中年之後大放光芒」。事實上，美川先生就是在中年以後開始展露頭角。

此外，像豆類這種圓形物體，具有改善人際關係的運氣。特別是擁有長上的提攜。美川先生在演藝圈擁有廣大人脈乃衆所周知，正因為有淡谷能子等長上的提攜，才有目前暴發性的人氣吧。

‧淺野溫子（女演員）

據說淺野溫子雖擁有魔鬼身材，卻是個超級愛吃鬼。我看過某雜誌報導淺野小姐在常去的法國餐廳，煞是可口地飽嘗大龍蝦的報導。

魚貝類可提高直覺力與人旺，尤其是女性，還有更佳的效果。那是提高二十五歲之後的運氣。從過二十五歲關卡的前後開始，美貌更增豔麗，深受男性歡迎。

淺野小姐的情況正是如此，從前給人極強的「性感女星」印象，人緣也略為遜色，但二十年代後半開始更加光彩奪目，目前已列入超級女明星的行列。

因此，我特別建議女性吃魚貝類。若渴望像淺野小姐永遠青春美麗，朝三十年代邁進，更應如此。

除女性之外，想提高人緣者，有事沒事就吃魚貝類。參選人、覬覦某種職務者都有效果。

•稻川淳二（明星）

私底下我也常和稻川淳二先生碰面，他和在電視上所見一模一樣。

此人最喜愛的東西，據說是豆腐皮。

聽說每看到剛炸好的豆腐皮，必大量買進，甚至當場就用手撕起來吃。聽聞此話，我大感佩服：「原來如此！」

豆腐皮是做稻荷壽司而聞名，而稻荷壽司這個「稻荷」，其實乃五穀豐收的神明。從前米和金一樣貴重，所以，稻穗象徵財運。

定期供奉這個神明的豆腐皮，自然擁有提高財運的力量。從顏色也可看出，豆腐皮的金黃色（黃色）擁有財運的力量。

所以，雖然稻川先生常被調侃為「演藝圈被整得最慘的明星」或「被鬼魂附身，情況非常糟糕喲！」但我卻認為他應該可以積蓄不少錢。

各位如果想擁有財運，建議您吃豆腐皮。當然，豆腐皮壽司也行。便利超商經常出售豆腐皮壽司和海苔捲的套餐，購買後先吃一口豆腐皮壽司，然後把海苔捲吃完，最後再吃豆腐皮壽司。

・馬爾西亞小姐（歌手）

巴西出生的馬爾西亞小姐，據說非常喜愛吃辣的東西。而且，似乎特別鍾愛墨西哥辣椒（tabasco）或紅辣椒醬等香辛料類的辣味。

辣味有兩種，一種是像胡椒那種單純有辣感的東西，另一種則是以咖哩為代表，由各種香辛料混合而成的複合型辣味。前者若當做西洋式辣味，後者則可稱為東洋式辣味。

馬爾西亞小姐，平常似乎都吃東洋式辣味的東西。

辣的東西具有刺激性，因此，它代表變化。而辣的東西會給人產生某種幻想。

古代的魔宮或王宮的世界，都充滿著香辛料的佐料香。因為，香辛料可

以隱藏自己，使人進入夢幻的世界。所以，不論是印度或中東，只要是吃辣食的地區，必有宗教性的背景。

風水把辣的東西，當成具有掉進幻想世界，暴露原本隱藏的自己，及使人解放自己的作用，所以喜愛辣食者，具有一味追求理想的傾向。

相反地，對自己缺乏信心或失去夢想時，可以吃辣食從而發現以往未曾察覺的自己。

做事情觸礁時、苦思竭慮時，辣的東西也具有效果。不過，在此所稱的辣味，只限於香辛料融合成的東洋式辣味。馬爾西亞小姐離開出生故鄉的巴西，在日本的演藝界初出茅廬，不僅是演歌還出了森巴舞的唱片，無時不刻追求變化。

五～六年前，日本曾經有過一陣劇辣風潮，那正好是泡沫經濟如日中天之時。任何人都想一獲千金而出售出地、投資股票的時代。我個人認為，正因為那是大家都渴望實現夢想的時代，才造成劇辣風潮的盛行。

自覺「最近的自己好像陷入停頓狀態」的人，請試著和辣食挑戰。

•石野真子小姐（明星）

據說她常為愛喝啤酒的丈夫（廣岡瞬）做馬鈴薯料理當下酒菜。

馬鈴薯乃根菜類的代表食物。根菜是從有如母親的大地攝取，具有家庭運。

同時，根菜還有含辛茹苦、忍耐的運氣。

換言之，根菜是表示賢妻良母的典型，縱然辛酸備嘗也強忍下來以維護家庭和平。所以，想結婚卻無緣的小姐們，在您的拿手料理上一定要添加一道馬鈴薯料理。

從前認為良妻的條件是，擅長煮一鍋燜燉山芋，其起源就在此。同時，自己也應攝取根菜類。將擁有「賢妻」的運氣。

石野真子和長渕剛離婚之際，在旁人眼中顯得何其不幸，但目前家庭生活安定，不也過得幸福洋溢的生活？

•小林祥晃

的菜單。

最後，我想介紹運氣一級棒的人！（老王賣瓜自賣自誇……）小林祥晃

最近，常被人問：「教我們走運的秘密！」我覺得從這份菜單可看出端倪。先看早餐。如前述，除了因演講到外地之外，我都吃綠色麵條。夏天吃竹簍麵，冬天吃熱烘烘的蕎麥麵。不可或缺的是長蔥。冬天放一些豆腐皮就變成蔥花麵。放豆腐皮當然是為了提高財運。

此外，長蔥是長形的食物，更能提升人際關係。這時要注意不是綠色部份，而是細長的白蔥部份。

而且，一定吃一顆梅乾。酸的東西是活力之源，具有改善事業運的作用。

同時，我還喜歡吃用糖、鹽、醬油等滷過的食品，偶而會嚐一點。用上述調味料滷過的食品，可以增強鎮靜力。喝茶配這類滷味是我早晨最大的樂趣。

午餐和大家一樣，多半在外面吃，而在自己的事務所時，最常吃的是壽

司。附近有一家由我設計而家相極好的壽司店，常吃那裡的壽司。吃家相好的商店裡的東西，也是招攬運氣的秘訣。

我每次都點叫上頭噴撒各種佐料的什錦壽司。什錦壽司因上頭撒著各種佐料，在風水上是相當便利的料理。生魚片可強化人際關係，尤其是上下階層的人際關係，也能改善戀愛運。每逢午後和女孩有約的日子（其實多半是工作上的約會），吃這道料理的時候不免有點暗自竊喜。

同時，什錦壽司上一定叫老闆放的是大小條紋的昆布。它是具有蓄財力量的食物。希望財源滾滾的人，儘量多吃條紋昆布。晚上常因別人的邀請而在外用餐，但昨天在家裡吃了烤肉火鍋。烤肉火鍋是改善財運的食物。要領是，首先吃一片牛肉，最後還吃一片牛肉。

而我最最滿意的午餐，是位於目黑‧權之助坂的「布魯斯阿里」（03‧5496‧4381）的便當。該地出售我所提倡的「開運便當」。

其中有提高戀愛運的義大利麵、改善工作運的豬肉及牛肉，還有使午後的契約順利成交的醋拌冷盤，口味無懈可擊。價格從七七〇日圓起正合適，還可以外送。這是我一定要推薦給大家的開運午餐。當然，我自己也常吃。

晚餐一定喝啤酒。這純屬個人的興趣。不過，啤酒適合任何狀況及各色人等。每次我和別人會晤時，首先一定點叫啤酒。

當然，一定吃白飯和味噌湯。我喜歡紅味噌湯，喝了味噌湯後令人感覺踏實。

除了三餐之外，雖然不值得一提，但我常吃點心。我喜歡吃煎餅或烤花枝片等小點心，也非常喜愛吃甜點。煎餅可提高事業運，燻花枝會改善直覺力。同時，甜點會強化財運。我的點心是在精打細算下吃的喔！

寫到這裡，老婆已經受不了地說：「老公，你不是給自己喜歡吃的東西編些理由罷了？」哈哈哈，露出馬腳了嗎？不過，無所謂。既然要吃，最好腦中想著：「這對運氣有利！」吃起來不更愉快？同樣吃一道甜點，心裡想著：「這對財運有益。」和全然沒有念頭地吃，情況完全不同。

不過，再一次看看上面的說明，也許有人覺得我似乎只想到提高直覺力、財運或戀愛運而已……。好像並沒有公開什麼對運氣有幫助的秘密嘛。

不過，我想各位至少已經瞭解用食物召喚自己想要的運氣的精神。

吃東西時心裡想著：「真的有效嗎？」與「這個東西一定可以改善自己的運氣！」其間有極大不同。同時，坦率地信從者較容易招來運氣。

請各位務必相信我，選擇運氣好的菜單來吃。

小林先生的開運專欄

筷子與禮儀

東方人多數是拿筷子用餐的民族。而吃日本料理的禮儀，其前題是使用筷子俐落地進食。

其實我在三十五歲左右之前，還不會拿筷子。年輕時毫不在意如何使用筷子，但隨著在較正式的場合用餐的機會增多，慢慢覺得：「這樣拿筷子不行！」於是矯正拿筷子的方法。

矯正用了三十多年的筷子拿法，非常不容易，但目前覺得能夠矯正起來太好了。因為，矯正拿筷子的方法之後，運氣大幅好轉，連自己都感到驚訝。拿錯筷子或飲食方式違反餐桌禮儀，都會使運氣越離越遠。

唯有能優雅使用筷子並整潔伶俐地進食，運氣才會跟隨而來。不會拿筷子的人，一旦察覺之後應儘早矯正。

第四章

實現你的願望的運氣別菜單

獻給渴望情人的你

幫助戀愛運的菜單

渴望身邊有個情人、徒嘆沒有異性緣的人，必須拉攏緣份來做伴。提升戀愛運的菜單，乃麵條之類的長形食物。因為，長形東西具有結合異性緣的運氣。

如蕎麥麵、烏龍麵、細麵、義大利麵、拉麵、米粉等。只要是麵類都行，儘量吃吧！即使不吃麵類，鰻魚或海鰻等長形魚也ＯＫ。鰻魚飯不錯喔！使用秋刀魚、白帶魚或鱧魚的料理也能提高戀愛運。此外，洋菜做成長條狀也可以。透明的顏色可使男女關係變得親密。

同時，長形食物中，儘可能攝食味道較強、顏色較鮮豔者。味道較強、顏色較鮮豔者，具有提高女人、男人魅力的作用，擁有吸引異性的魅力。

豬肉、蝦仁炒麵

其①

材料（四人份）

烏龍麵／三球、烤豬肉／120g、紅蝦／15g、長蔥／1根、醬油／適量、沙拉油／4大匙、酒／1大匙、胡椒／少許

把烏龍麵打散之後澆上醬油。烤豬肉切成薄片、寬幅約5mm。長蔥的白色部份切成寬幅5mm的斜片，綠色部份切成細絲泡在水裡，變得青翠之後撈起瀝乾水氣。

把油倒入平底鍋內加熱，炒長蔥的白色部份。放入紅蝦與烤豬肉後攪拌，然後放入烏龍麵快炒。

轉動平底鍋避免烤焦，同時加入酒、胡椒。最後放進一大匙醬油，快速攪拌。

裝盛在食器上，上面擺放長蔥的綠色部份就完成了。

其② 培根蘆筍捲

材料（四人份）

綠蘆筍／4根、培根／6片、鹽、胡椒、醬油、沙拉油／各少許

❶

切掉綠蘆筍根部較硬的部份，切成長度約4cm左右。鍋裡加熱水後放入少許鹽，快速燙過綠蘆筍。

❷

用培根穩穩捲住燙過的綠蘆筍，用牙籤固定避免鬆脫。

❸

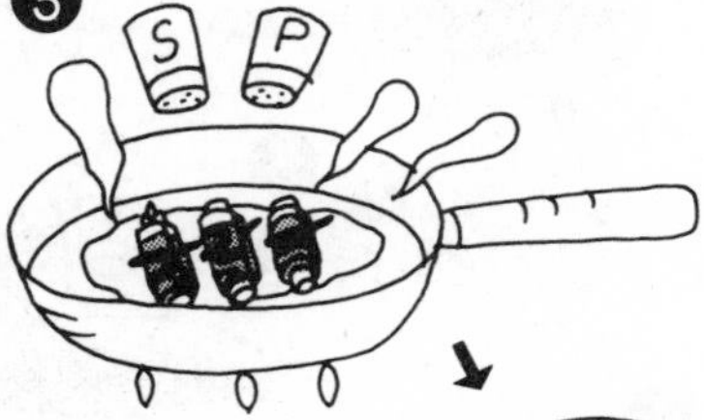

平底鍋內放入少許油加熱，再添加一點鹽、胡椒後炒②。（培根本身已有一些調味，炒後油漬會釋出，因此，避免使用太多油、鹽、胡椒。）

❹

培根炒後略呈捲狀後，熄火。裝盛在盤上即完成。也可上頭添加檸檬等。

山芋絲拌義大利麵

其③

材料（四人份）

義大利麵／320g、山芋／200g、嫩豌豆／200g、梅乾／3個、酒／1大匙、奶油／2大匙、沙拉油／3大匙、鹽／少許、海苔粉／少許

❶ 水在鍋內煮沸，放入少許鹽。剝掉嫩豌豆的絲後在鹽水內輕輕煮過。然後放入水裡泡一下，再去除水氣橫切成一半。

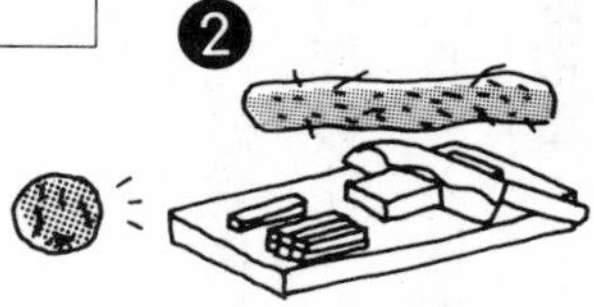

❷ 削掉山芋皮切成長3～4cm、厚2～3mm的短條狀。梅乾去子後撕成小片。

❸ 在大鍋子內煮沸多量的水，放入義大利麵煮過，趁未太軟時撈起拌奶油。

❹ 平底鍋內加熱油，用中火炒切成短條狀的山芋。加入酒與梅乾，並放入½杯的水，然後煮沸。

❺ 放入④煮過的義大利麵和嫩豌豆，快速攪拌。用鹽調味，最後再放一次奶油，仔細攪拌。裝盛在餐盤上，上面撒海苔片就完成了。

獻給渴望幸福婚姻的你

幫助婚姻運的菜單

若要結婚，除了前述提高戀愛運的菜單外，必須再加上「家庭」或「配偶」等運氣。這時以日本料理最佳。日本料理在風水上代表「丈夫」。婚姻是由丈夫與妻子所建立，因此，大量吃日本料理最好。其中，為了增強「賢妻」的運氣，儘量多多攝取根菜。

什錦飯是提高婚姻運的代表菜單。因為，除了使用白米外，還加入大量的牛蒡、紅蘿蔔等根菜。另外，圓而白的東西也能助長婚姻運。圓狀物提高異性運、白色物使人紅鸞星動。

換言之，提高「不想一個人獨處、想和某人在一起」的情緒，自然而然令人朝結婚的方向發展。所以，蕪菁或年糕是最適合婚姻運的菜單。除了以上的菜單外，煮白扁豆或肉丸子也不錯喔！

辣炒蕪菁與培根

其①

材料（四人份）

蕪菁／4個、蕪菁葉／200g、大蒜／1粒、紅辣椒／2根、培根／5片、沙拉油／2大匙、鹽／1小匙

蕪菁不削皮直切成八塊。蕪菁葉切成3～4cm，將葉與莖分開。大蒜用菜刀拍打後壓碎，紅辣椒用水浸泡後呈圓狀，再取出裡頭的種子。培根切成寬幅3cm。

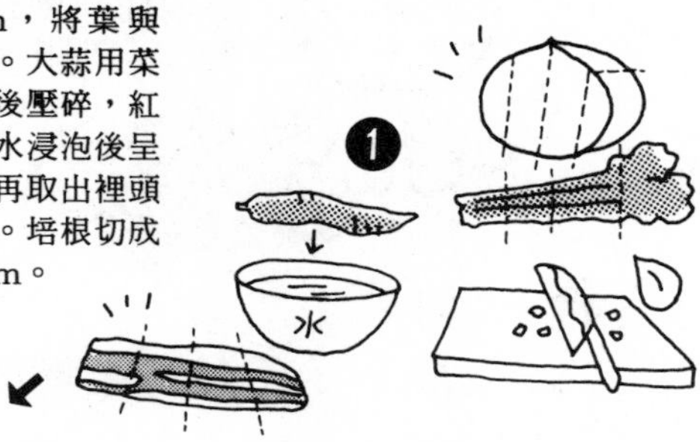

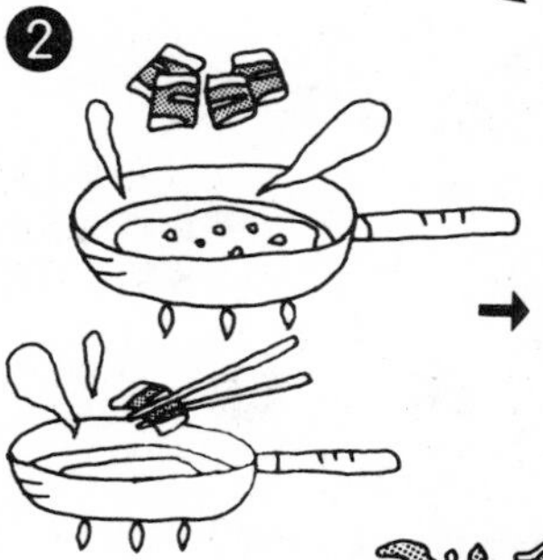

平底鍋上加熱油，用小火炒大蒜。等大蒜顏色改變後放入培根一起炒，取出培根與大蒜留下油。

培根與大蒜取出後的平底鍋內，放入蕪菁和紅辣椒，蕪菁加熱後放入蕪菁莖，再用大火炒。

最後放入蕪菁葉，加入鹽快速炒過。然後放進培根與大蒜，快速攪拌後盛到盤上。

其②

燜燉紅蘿蔔與南瓜

材料（四人份）

紅蘿蔔／½條、南瓜／¼個、沙拉油／2大匙、醬油／2大匙、砂糖／1½大匙、高湯／2杯、黑芝麻／2大匙

❶

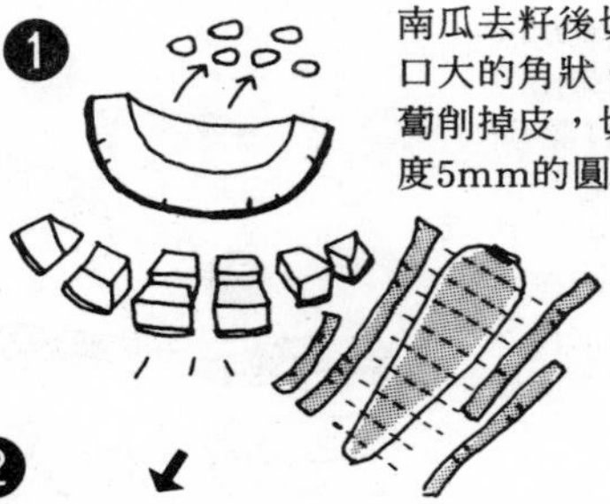

南瓜去籽後切成一口大的角狀。紅蘿蔔削掉皮，切成厚度5mm的圓片。

❷

在平底鍋內加熱油，用強火快速炒過南瓜與紅蘿蔔。

❸

加入高湯，沸騰後撈起殘渣改成中火，煮約五分鐘。

❹

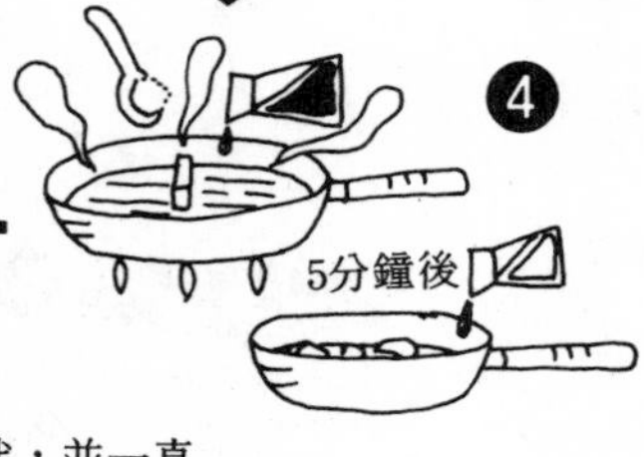

加入一大匙醬油與砂糖蓋緊鍋蓋，再煮五分鐘。最後加入剩餘的一大匙醬油。

❺

上下攪拌，並一直燜煮到湯汁幾乎消失。裝入食器撒上芝麻就完成。

烤秋刀魚牛蒡捲

其③

材料（四人份）

秋刀魚／4隻、牛蒡／2根、醬油／3大匙、糖酒調味醬／3大匙、米糠／少許

將秋刀魚如圖示取出魚肉，浸泡在用醬油及酒糖調味醬混合成的調味汁內20～30分。調味汁保存下來。

牛蒡洗淨後縱切成4片，浸泡在水內去其澀味，在添加米糠的開水內快速燙過。

將浸泡過調味汁的秋刀魚各直向切成一半。將它捲在已經燙好的牛蒡上，用牙籤固定。

放進高溫200度的烤箱內用刷子沾①的調味汁反覆塗抹，烤約15～20分鐘則完成。

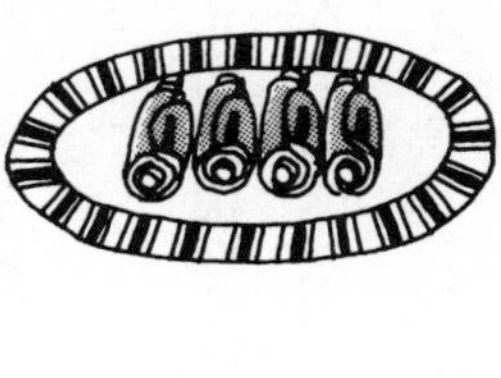

獻給渴望擁有子寶運的人

幫助子寶運的菜單

何謂子寶?就是擁有好孩子的意思。而首要條件,乃提高家庭運。在沒有任何壓力的祥和家庭,只要夫婦感情良好,一定擁有子寶(當然,不孕症的問題另當別論喔!務必請確實的醫師尋求解決之道)。

希望攝取的食物也是根菜。大量進食從大地之母攝取的蔬菜,可以提升家庭運。其中尤以圓形食品更具效果。圓形食品如前述,會改善人際關係。它也能提高家庭運。煮豆或燉煮鯉魚都是增強子寶運的最佳菜單。

另外,儘量攝食具有北方位力量的豆腐或小魚。北方位具備「孩子」的熱能,因此,吃豆腐或小魚會增強兒女運。而大幅提高子寶運的終極菜單是「粗細條紋狀的昆布」。晚餐一定放一盤粗細條紋狀的昆布做為佐菜。

豆腐拌鱈魚卵醬

其①

材料（四人分）

傳統豆腐／2個、鱈魚卵／1條、薑／1塊、長蔥／½根、大蒜／1顆、三葉／⅓束、沙拉油／1大匙、高湯、酒／各½杯、醬油／1大匙

① 將傳統豆腐切成八等份。鱈魚卵切成寬幅1cm。薑去皮後切成細碎，長蔥和大蒜也同樣切成細碎。

② 沙拉油在鍋內加熱，用中火炒切成細碎的薑、長蔥及大蒜。

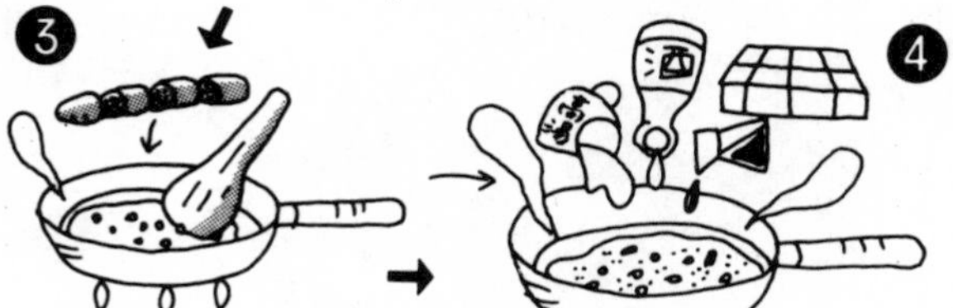

③ 冒出香味後，混入鱈魚卵，用木杓子一邊炒一邊攪拌。

④ 鱈魚卵炒成白色後，放入高湯、醬油、酒，用強火加熱使其沸騰。然後放入傳統豆腐再使其沸騰後，撒上三葉。輕輕攪拌後盛於食器。

其② 燜燉里芋

材料（四人份）

里芋／850g、高湯／2½杯、酒／1大匙、酒糖醬／2大匙、醬油／3大匙、柚皮／少許、鹽／適量

沾土的里芋全部放入水中，互相搓揉洗淨。然後撈起放入竹簍上，去其水氣。

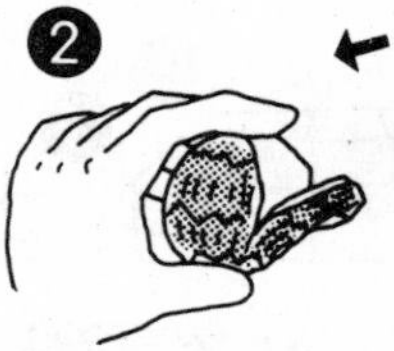

指間沾少許鹽，上下按住里芋，慢慢剝開皮使其外皮儘量同寬。

將剝皮後的里芋放進圓鍋內，撒上鹽後用雙手搓揉使其產生黏性。然後，打開水龍頭沖洗剩餘的鹽巴與里芋外層的黏膩。

山芋完全去除水氣後放入鍋內，加滿水用強火加熱沸騰、為了預防溫度差造成的龜裂，用溫開水洗山芋。

將山芋再度放入鍋內，加入高湯用中火加熱。煮沸後加入酒、甜酒、醬油，蓋緊鍋蓋，用慢火悶煮約十分鐘。

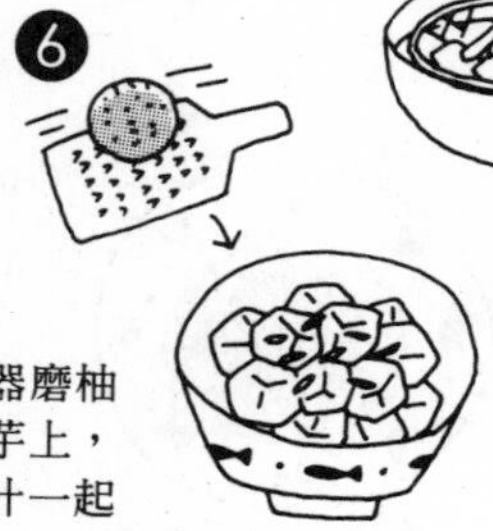

用細孔的篩器磨柚皮，撒在山芋上，和滿滿的湯汁一起裝盛在食器。

其③ 小魚乾青菜沙拉

材料（四人份）

橄欖菜・萵苣・長形萵苣／各2個、蘿蔔嫩葉／½包、小魚乾／2大匙、芝麻粉（白）／10g、海苔片／1片、醬油／少許

❶ 橄欖菜、萵苣、長狀萵苣切成寬幅1cm的細絲。

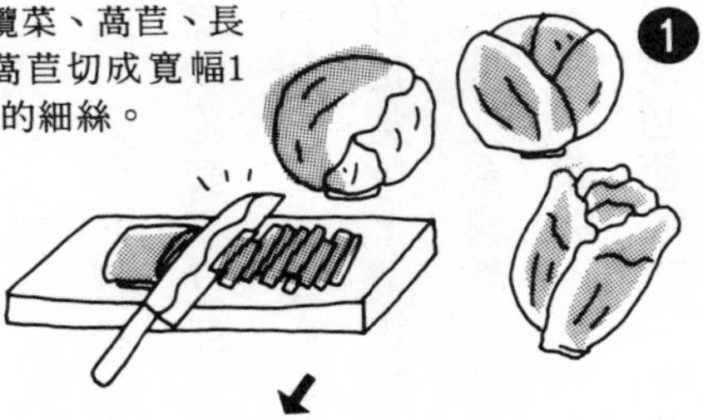

❷ 蘿蔔嫩葉去除根部後用水洗淨。

❸ ①和②呈茂密狀裝盛在食器。

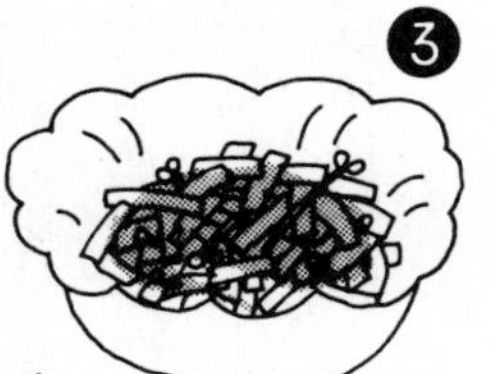

❹ 從上頭撒上小魚乾，用手將海苔片撕成適度大小撒在上面，最後撒上芝麻粉。澆上醬油後就可食用。

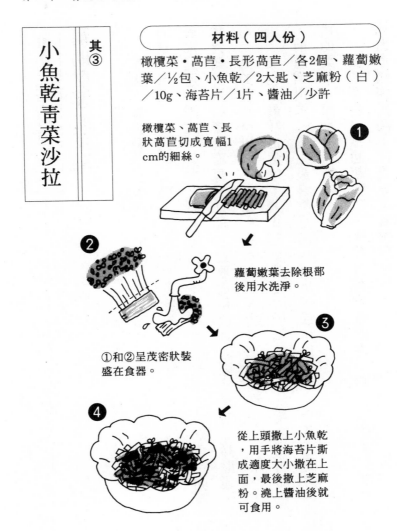

獻給渴望財運的人

幫助財運的菜單

牛肉、雞肉會助長財運。牛肉具有蓄財的力量，而雞肉具有生意興隆的力量。所以，日式烤肉鍋、火鍋、水煮雞都是對財運有利的菜單。火鍋有助於家庭運，因此，雞肉火鍋不僅能提升家庭運，也能改善財運，同時，日式烤肉鍋所用的條狀蒟蒻、豆腐、長蔥都可改善人際關係並提高財運，可謂一石二鳥的料理（所以，火鍋在風水上是大力推薦的料理）。

顏色上最好是黃色，尤其是金黃色。因為，黃色就是金錢的顏色。所以，前述稻川淳二先生最喜歡吃的豆腐皮，或烤後會變成金黃色的烤魚都是不錯的菜單。煎蛋也不錯喔！

提起黃色自然想起咖哩，咖哩含有多量的香辛料，因此，對無精打采時或奮發圖強提高工作運等運氣極為有利。

咖哩炸竹莢魚

其①

材料（四人份）

小竹莢魚／20隻、西洋香菜／1把、小番茄／適量、咖哩粉／1大匙、白酒／3大匙、檸檬汁／¼個、鹽／少許、胡椒／少許、油炸用的油／適量

去除竹莢魚的鰓並取出內臟，用水清洗。然後輕輕撒上鹽、胡椒。

在有深度的器皿上放入咖哩粉、白酒、檸檬汁仔細攪拌。然後放入①的竹莢魚浸泡約15～30分。

將油炸用的油加熱至中溫（約170度），②完全去除水氣後，放入油鍋內炸至金黃色。

然後轉成小火，快速炸過西洋香菜。把小番茄切成可愛狀。

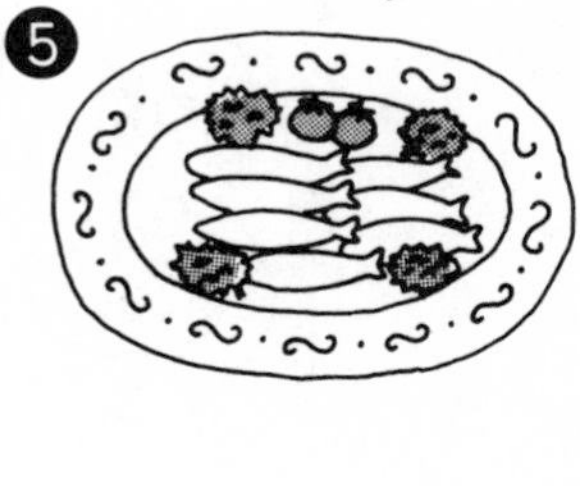

在盤上把竹莢魚和西洋香菜、小番茄排列整齊漂亮就完成了。

其② 奶油雞排

材料（四人份）

雞腿肉／400g、奶油／5大匙、蛋液／2個份、鹽・胡椒・肉荳蔻／各少許、麵粉、麵包粉、沙拉油／各適量

將一片雞腿肉切成一半。在表裡兩面撒上鹽、胡椒、肉荳蔻，在沒有雞皮的一面塗上奶油。

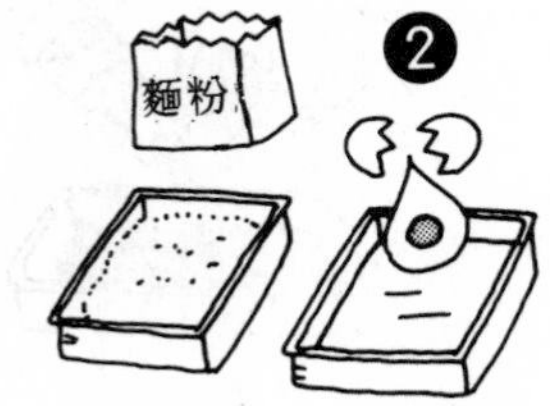

①沾上薄薄一層麵粉，然後依麵粉、蛋液、麵包粉的順序沾上油炸用的外衣。

將②放入用中火（約170度）加熱後的油鍋內去炸。表裡都變成金黃色後就完成了。

裝在盤上，撒番茄醬和醋醬調成的調味料。

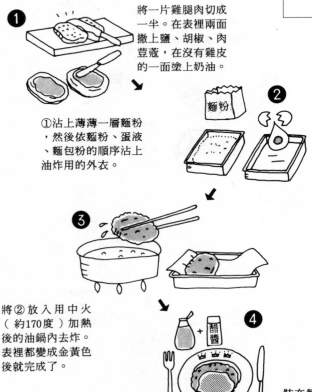

日式烤肉火鍋

其③

材料（四人份）

牛腿肉／320g、烤豆腐／2塊、條狀蒟蒻／200g、長蔥／2根、香菇／4片、金菇／1包、春菊／½把、白菜／⅓個、醬油／½杯、甜酒／½杯、高湯／½杯、砂糖／2大匙、油／少許

將烤豆腐、條形蒟蒻切成容易入口的大小。長蔥斜切。香菇、金菇去其蒂，春菊切掉葉莖較硬的部份。白菜切成大塊。

把醬油、甜酒、高湯、砂糖攪拌一起，做成佐料汁。

油（或牛脂）在鍋內加熱，先烤牛肉。

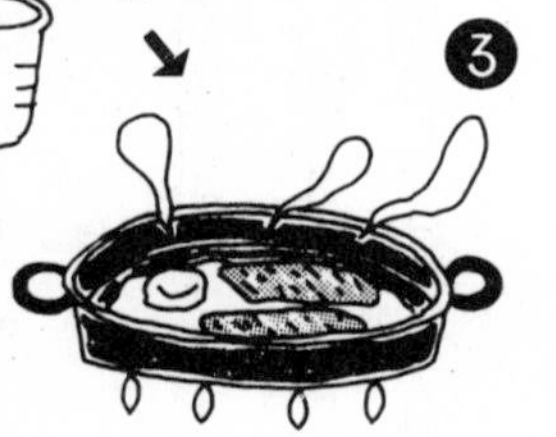

然後加入①的材料，一邊加佐料汁一邊燉煮。

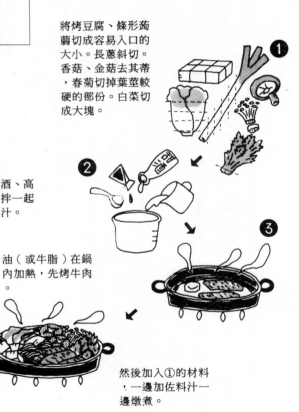

獻給渴望工作有勁、擁有成功的人

幫助工作運的菜單

工作運以酸的食品或新鮮的魚較具效果。醋拌冷盤Marine（法國料理）或沙拉都好。誠如「鯉魚躍龍門」的成語。魚具有出人頭地的運氣。同時，新鮮表示運氣好。若要工作有勁，不可或缺的是活力，從這一點看來，活力之源的紅色食物也不錯。鯛、鮍等生魚片最適合工作運。鯛魚中以紅色的金眼鯛更能提升運氣。

此外，希望各位儘量攝食蕃茄沙拉等有番茄的料理。在工作上尤其是營業員，如前述必須提高激勵自己的鬥志。為此，儘量吃較硬的東西。因為，這是出自硬的食物＝起勁的構想。炒豆、醬黃瓜等有些硬又有口感的食品，是提高工作運不可或缺的食物。

燜煮金眼鯛

其①

材料（四人份）

金眼鯛的切片／4片、酒・甜酒・醬油／各3大匙、薑／1塊

把少許甜酒、酒、醬油及水放入鍋內，用火加熱至沸騰。

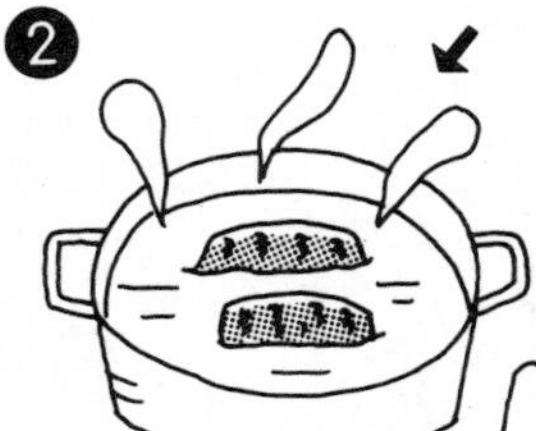

把金眼鯛切片的外皮朝上放入①中。

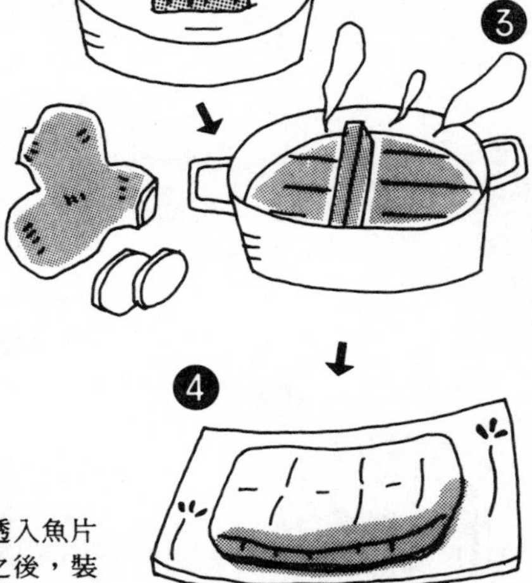

加一點薑薄片蓋緊鍋蓋用強火煮。

當滷汁滲透入魚片確實煮熟之後，裝在盤上就完成了。

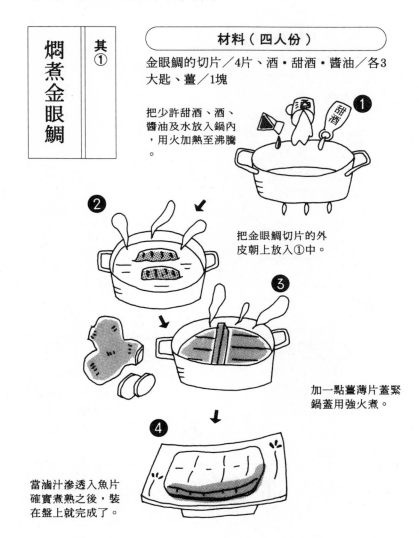

其② 生魚片飯

材料（四人份）

生魚片用的鮪魚／200g、山芋／200g、醬油／½大匙、芥末／少許、海苔片／1片、剛煮好的米飯／4碗

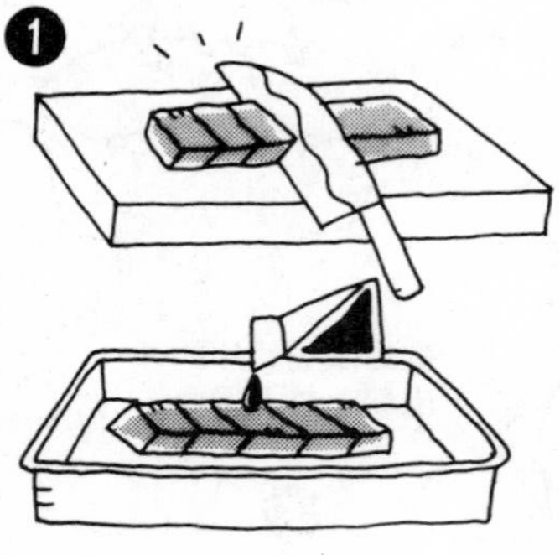

鮪魚薄切成1cm寬，用醬油事先調味。

山芋去皮，用細孔的篩器磨成泥。

把熱烘烘的米飯盛在大碗上，上頭擺著調好味的鮪魚。

上面覆蓋磨成泥的山芋，用剪刀把海苔片剪成長3cm、寬2mm左右的短條狀。分散著撒在上頭。最後擺上一撮芥末就完了。

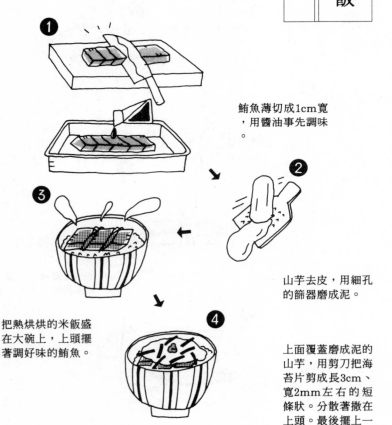

法國式鱈魚排

其③

材料（四人份）

鱈魚的切片／2片、洋蔥／½個、青椒／1個、沙拉油／4大匙、檸檬汁／1個量、鹽／少許、醬油／少許、麵粉／少許、油炸用的油／適量

鱈魚切成一口大的尺寸，撒上鹽、胡椒，同時，整體薄薄地撒上一層麵粉。

把沙拉油和檸檬汁混入圓碗內，加入少許鹽、胡椒後仔細攪拌。

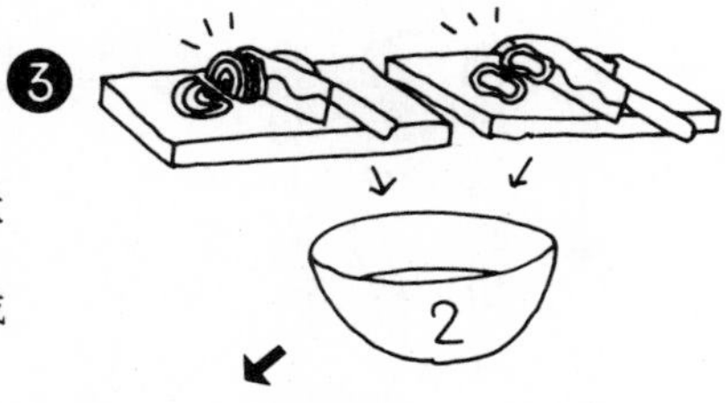

洋蔥薄切成半圓狀，青椒切成圓狀，放入②內，調製成蔬菜醬。

用中火（約170度）加熱後的油，油炸切成一口大的鱈魚。炸好後隨即泡在蔬菜醬內，使味道充分地滲透。

提高構想與直覺力

幫助企劃力的菜單

蝦或蟹等甲殼類最適合提高企劃力。甲殼類具有靈感的力量，屬於南方位的食物。我本身渴望企劃力時，一定吃甲殼類的食品。其實，寫本書之前，曾去了一趟香港吃螃蟹，結果文思泉湧，甚至不知對豐富靈感如何削減而傷腦筋。

從事創造性工作者自然不在話下，而一般的上班族在參與會議之前或渴望某種構想時，午餐應該吃炸蝦飯或炸蝦。當然，午餐也能吃螃蟹喔！同時，自創事業的人，儘量吃蝦或蟹，創新的構想會一再湧現，從中必會出現商機。在營養方面，據說蝦、蟹含有良質的蛋白質，脂肪量又少，是值得推薦的食材。

燜燉蝦與蘿蔔嫩葉

其①

材料（四人份）

蝦／12尾、蘿蔔嫩葉／4包、高湯／1½杯、醬油／1½大匙、酒・甜酒／各1大匙、鹽／⅓小匙。

除去蝦的殼與尾，用竹籤從背部刺入取出沙囊後，從背部切開。

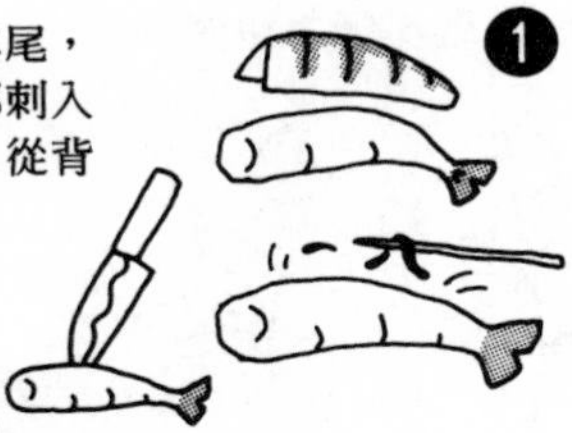

切掉蘿蔔嫩葉的根部。

將高湯放入鍋內用強火加熱至沸騰，添加醬油、酒、鹽，最後再放入蝦子。

蝦子的顏色變紅後，加入甜酒改成中火，然後放入蘿蔔嫩葉煮至沸騰。

熄火後靜待15～20分。等味道完全滲入之後，裝上食器就完成了。

其② 冰漬螃蟹

材料（四人份）

螃蟹（生的）／2隻、辣椒／3根、洋蔥／½個、長蔥／⅓根、大蒜／3顆、薑／少許、醬油／½杯、砂糖／1小匙、芝麻粉／1大匙、韓國辣椒粉／4大匙、辣椒絲／少許、芝麻油／1小匙、鹽／少許

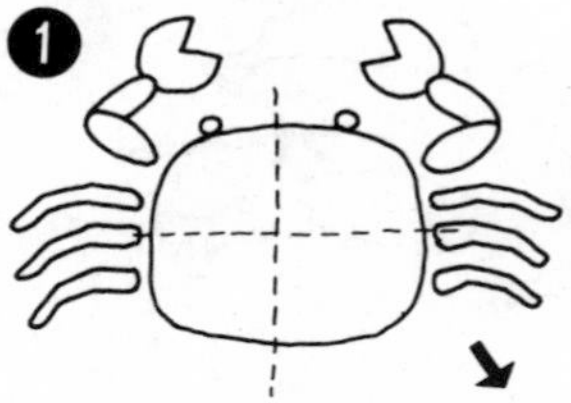

切開螃蟹的身體與腳爪，剝開外殼與腹殼後呈十字狀切開。用刀子切入肉身以便取蟹肉。

辣椒、洋蔥、長蔥、大蒜、薑切成細碎。然後混入醬油、糖、芝麻粉、韓國辣椒粉、辣椒絲、芝麻油、鹽。

在②內放入以十字切開的螃蟹及足爪，放入容器內用鋁箔紙蓋住，放進冰箱。

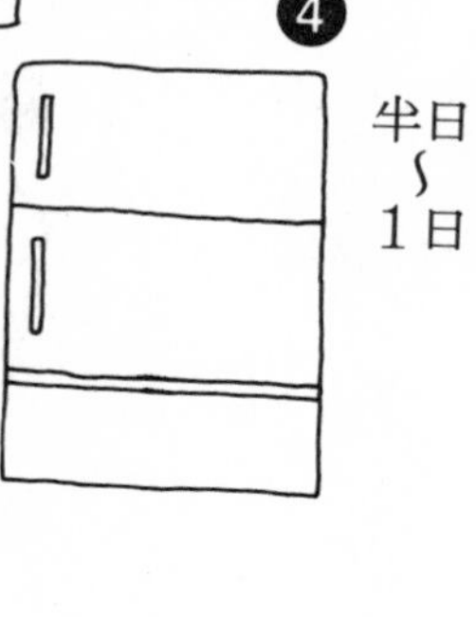

維持原樣在冰箱內放半日～一日就完成了。

其③　番茄燜章魚

材料（四人份）

煮熟的章魚爪／2根（350g）、馬鈴薯／1個、綠蘆筍／4根、番茄罐頭／1罐（400g）、洋蔥／½個、白酒／⅓杯、大蒜／1個、沙拉油／2大匙、鹽、胡椒／少許

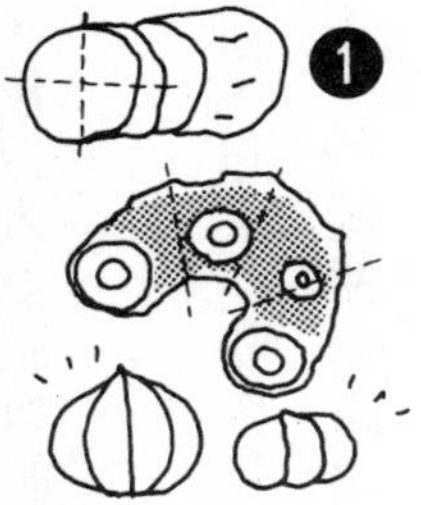

馬鈴薯剝掉皮，切成厚1cm的圓片。將煮熟的章魚爪十字切開，大蒜和洋蔥切成細碎。

鍋內放沙拉油，炒大蒜，等大蒜顏色改變後放入洋蔥。炒約一分鐘，加入番茄罐頭及白酒，改成大火。

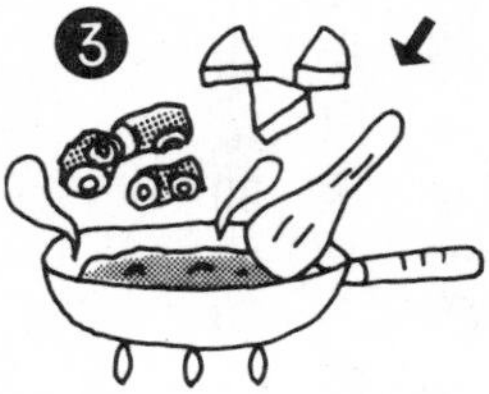

用木瓢攪拌，煮沸後改成小火。然後放入煮過的章魚爪和馬鈴薯，燜煮約20分。

其間在另一個鍋子煮沸水，放入切成5cm左右的綠蘆筍，煮約2～3分。

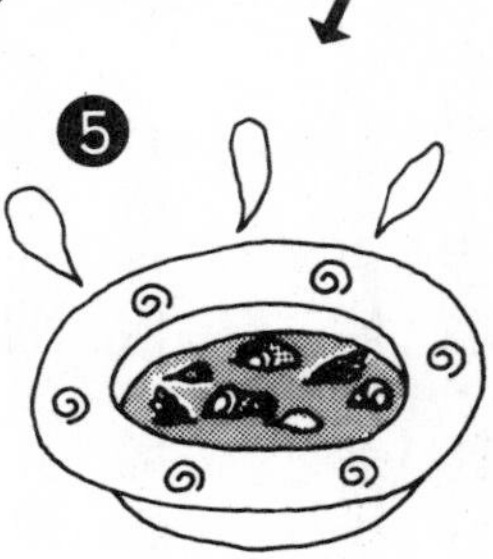

當③的馬鈴薯煮軟之後，加入煮過的綠蘆筍，加熱沸騰之後用鹽、胡椒調味。

獨立創業成功

幫助事業運的菜單

這和工作運類似，但著重於「自立開創事業而成功」。諸如離職自創事業或開店。適合事業運的料理有豬肉、牛肉及白米。白米帶給亞洲民族運氣。具體的菜單有肉料理或什錦飯、燴飯、飯糰等。年糕、什錦稀飯、稀飯當然也ＯＫ。

此外，壽司是添加酸味（適合工作）的米飯料理，可說是更能促進事業運的食品。同時，用白米為原料的米粿或糕點也可以。煎餅、饅頭、紅豆糕也在此列。

我喜歡吃煎餅，車上隨時放有煎餅。雖然也搞派頭用朋馳ＳＬ代步，但每次總有人看見車上的煎餅而露出一臉狐疑的表情，這真是「見笑了」。

牛肉飯　其①

材料（四人份）

牛肉薄片／300g、小粉絲／1球、洋蔥／1個、春菊・米飯／各適量、沙拉油／1½大匙、醬油／4½大匙、砂糖／1½大匙、甜酒／2大匙

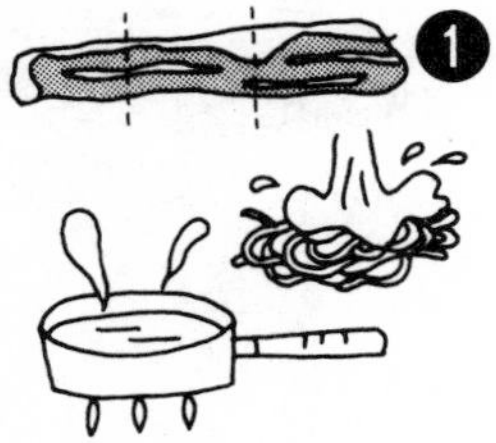

牛肉切成長3～4cm。粉絲用水洗淨後快速在水中煮約3分鐘，切成適當長度。

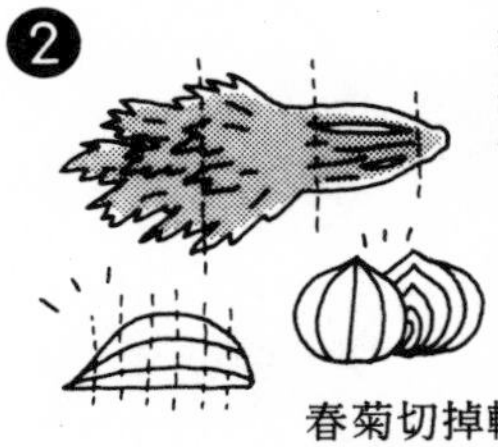

春菊切掉較硬的葉莖，切成4cm長。洋蔥對半縱切後，從外側切成5mm寬。

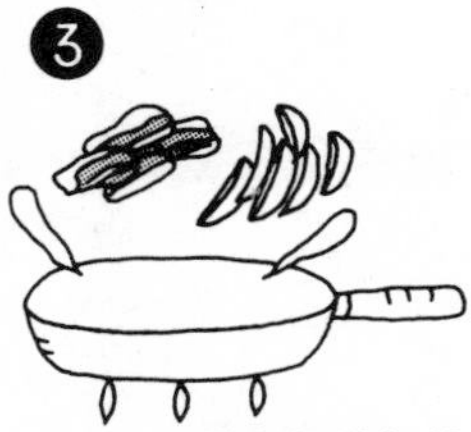

鍋內放油加熱，再放入牛肉、洋蔥一起炒。

牛肉過火之後加入1½杯水、醬油、砂糖、甜酒後煮沸後撈起殘渣，用較強的中火煮約3分鐘，然後放入粉絲一起煮。

再放入春菊煮過，春菊變軟後，將溫熱的米飯盛入大碗內，整鍋連著湯汁倒入米飯上就完成。

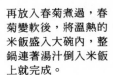

其② 燉豬肉塊

材料（四人份）

豬肉塊／400g、長蔥／½根、薑／2塊、砂糖／適量、酒／⅔杯、醬油／4大匙、八角／2顆、沙拉油／2大匙、鹽、胡椒／各少許

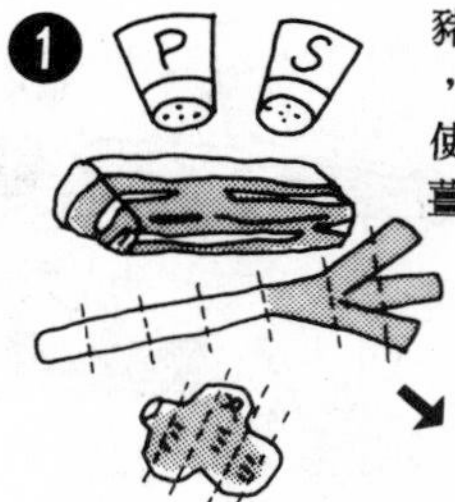

豬肉上撒鹽、胡椒，用手掌拍打豬肉使其入味。長蔥和薑切成小塊。

鍋內煮沸多量水後，放入豬肉、長蔥與薑用慢火煮約50分鐘。

從鍋內取出肉，切成3cm角狀。煮過的湯汁保存著。

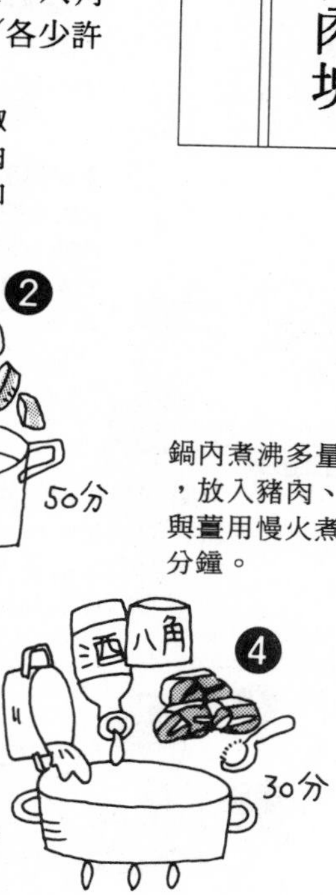

油放入鍋內加熱，再放二大匙砂糖，加熱至變色。然後放入④的肉塊，快炒一遍，接著放入燉汁與二大匙砂糖、酒、八角，用中火煮約30分鐘。

最後撒上胡椒再燜煮30分就完成。

什錦稀飯　其③

材料（四人分）

冷飯／3碗、塊狀年糕／8個、雞肉／400g、蘿蔔／⅕根、紅蘿蔔／⅓根、香菇／3枚、胡蔥／少許、高湯／適量、鹽、醬油、海苔、白芝麻／各少許

❶ 冷飯放在簍子裡用水洗去黏性。方塊年糕放入熱開水內，避免煮得過軟。

❷

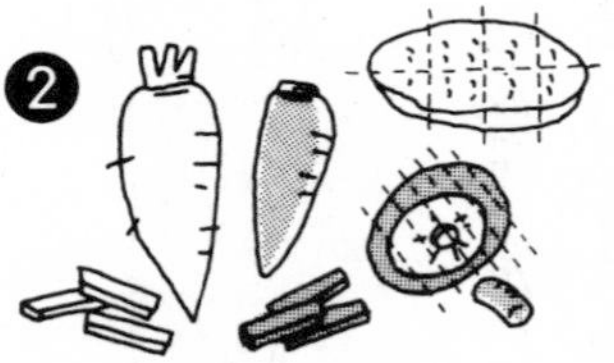

雞肉切成一口大，蘿蔔、紅蘿蔔切成短條狀，香菇去蒂後切成薄片。

❸

高湯放入鍋內，加入雞肉、蘿蔔、紅蘿蔔、香菇一起煮。

❹

雞肉過火之後放入醬油和鹽巴調味。然後灑上用水洗過的冷飯，煮沸後熄火。

❺

將④盛在碗內，上頭撒上煮過的年糕、切成小口的胡蔥、切成細絲的海苔與白芝麻就完成。

招攬條件好的物件

幫助不動產運的菜單

想擁有不動產運者，吃菠菜、小松菜等蔬菜可帶來效果。這類蔬菜鬚根密布而形成綠色大地，因此，具有不動產運的運氣。涼拌菠菜、芝麻拌小松菜，這類活現綠色的簡單料理都不錯。不僅像家常菜一樣用炒的，而菠菜還能生拌洋菇做成沙拉。

此外，青江菜或蘿蔔葉也OK。這類蔬菜不僅營養相當豐富，也是值得每天進食的蔬菜。同時，蕪菁也能提高不動產運。它和蘿蔔葉一樣，都是帶有綠色葉片的根菜。

而竹筍雖非根菜類，但也同樣具有「在大地生根」的形象，因而也是呼喚不動產運的食物。

菠菜拌牛肉

其①

材料（四人份）

菠菜／2把、鹽／少許、醬油／適量、牛肉薄片／100g、辣椒／適量、麻油／1小匙、酒／$1\frac{1}{2}$大匙

菠菜用水充分洗淨，在鍋內加熱水，放入少許鹽後把菠菜放入水煮，不要太軟。

菠菜煮好後用水沖過再完全去除水氣，撒上醬油，再用手用力搾乾後，切成3cm條狀。

牛肉切成絲後放入調味盤內，用手搓揉著混入辣椒粉、麻油。接著放入用中火加熱的平底鍋內炒至牛肉變色。

在炒好的牛肉添加酒、醬油再煮沸。接著放進菠菜快速攪拌，盛在餐盤上就完成。

其② 竹筍燉雞塊

材料（四人份）

水煮竹筍／600g、雞柳／4片、香菇／12個、高湯／3杯、砂糖／2大匙、甜酒・醬油／各3大匙

水煮竹筍、雞柳、香菇各切成容易入口的大小。

高湯放入鍋內，加甜酒、砂糖、醬油後一起煮。

煮沸後放入水煮竹筍、雞柳、香菇，用慢火燉煮約10分鐘。

當材料充分入味後，均衡放入碗盤內就完成。

蒸蕪菁　其③

材料（四人份）

白色魚片／4片、蕪菁／小8個、小磨菇／50g、三葉菜／少許、杜鵑花型魚板／½條、蛋白／⅓個量、芥末／少許、高湯2杯、鹽／適量、醬油／2小匙、酒、太白粉／適量

白色魚肉上撒少許酒和鹽，放置20分鐘。

蕪菁用細孔的篩器磨成泥，去除水氣。蛋白用攪蛋器打至冒泡，小磨菇用水洗去黏稠感。三葉菜切成1cm長，杜鵑花型魚板切成5mm厚，加少許鹽後攪拌在一起。

將②淋在白色魚片上，蒸15分鐘。蒸熟後盛在盤上。

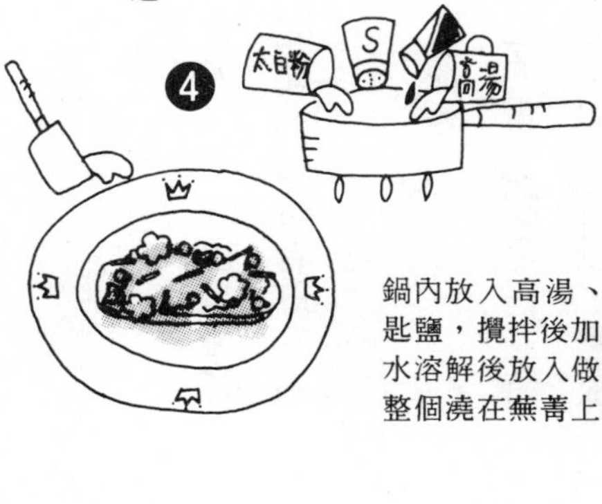

鍋內放入高湯、醬油及2/3小匙鹽，攪拌後加熱，太白粉加水溶解後放入做成勾芡，然後整個澆在蕪菁上就完成。

在緊要關發揮實力而及格！

幫助考試運的菜單

想通過考試，重要的是在考場上能充分發揮自己的實力。而紅色是最好的兆頭。紅色是具有充分發揮自己實力、表現的顏色。因此，這時著重於顏色而非素材。

考試前記得儘量吃紅色食物，如番茄醬、辣椒醬、紅薑等。菜單方面有麻婆豆腐、糖醋肉、螃蟹大餐等。對自己的實力缺乏信心時，就吃根菜類。只要吃根菜類，就能產生耐性而能紮實地努力。所以，把根菜燉煮成紅色的料理就能一箭雙鵰。像牛蒡醋醬最適宜，而添加馬鈴薯的番茄或紅蘿蔔的甜辣燉都不錯。

此外，如果每天飲用蔬菜汁，也能培養積極性。

中華漢堡　其①

材料（四人份）

絞肉／400g、洋蔥／1個、青江菜／適量、蛋／1個、醬油／適量、酒／1大匙、麵包粉／4大匙、鹽・胡椒／各適量、砂糖／適量、番茄醬／2大匙、太白粉、麻油、沙拉油／適量

攪拌器內放入絞肉和鹽、胡椒、蛋、醬油二小匙、酒、麵包粉及切成細碎的洋蔥，仔細攪拌製成黏稠狀。

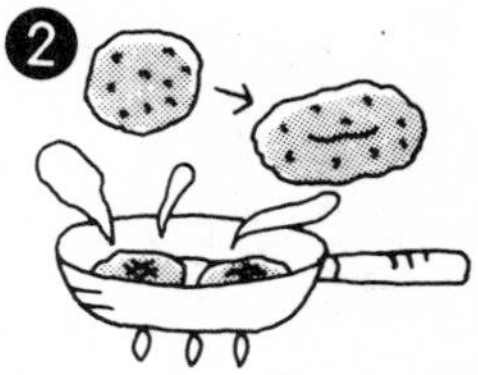

把①揉成方便入口的小丸子，再壓成扁狀，剩下兩面用平底鍋煎熟。

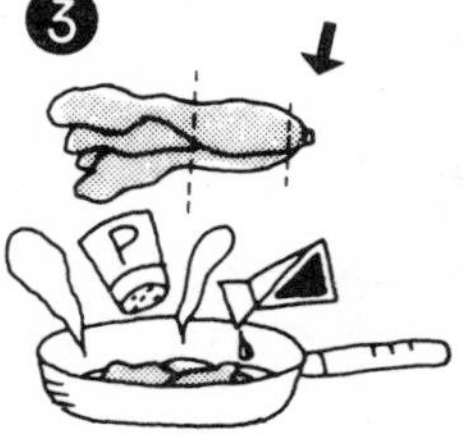

在鍋內將三大匙醬油、番茄醬、一杯水、少許糖攪拌後煮沸，用水溶的太白粉做成勾芡。

青江菜切成對半，用麻油炒，再用醬油與胡椒調味。

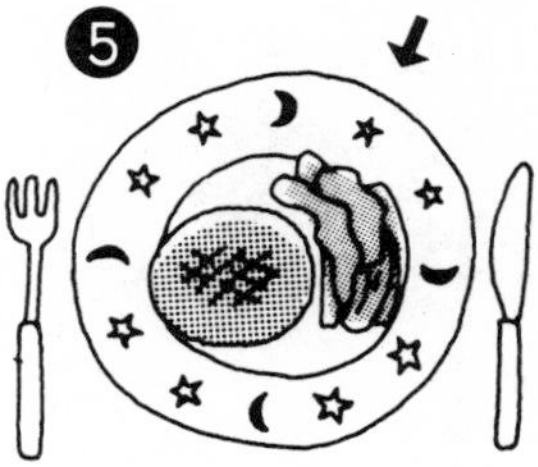

漢堡和青江菜盛在盤上，再澆上④就完成。

其② 辣拌小干白魚與蔬菜

材料（四人份）

小干白魚／10g、紅蘿蔔／½條、菜豆／150g、長條狀魚板／2根、紅辣椒／1條、沙拉油／2大匙、醬油、酒／各2大匙、砂糖1大匙

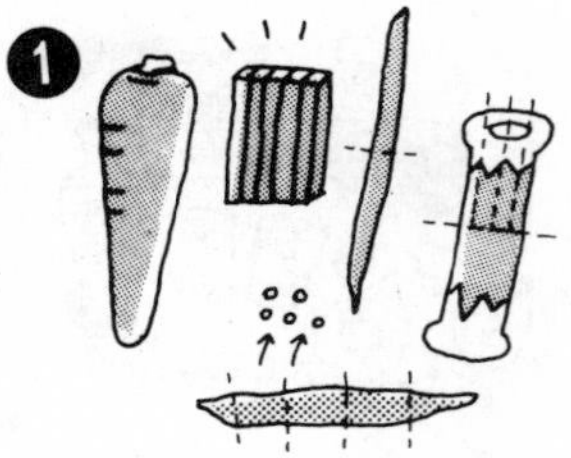

紅蘿蔔削皮後，縱切成薄片。菜豆切成一半長。條狀魚板切成對半，再縱切成細絲，紅辣椒去除根蒂與種籽後切成4片。

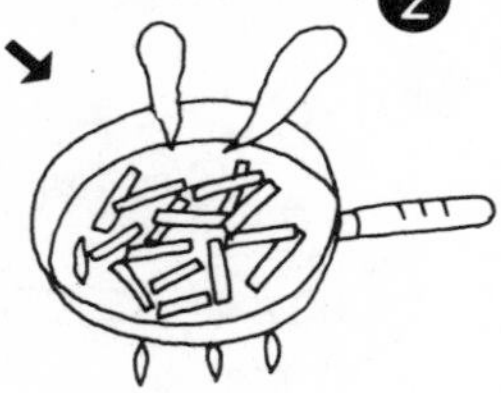

平底鍋內加熱油，用中火炒紅蘿蔔和菜豆約2分鐘。

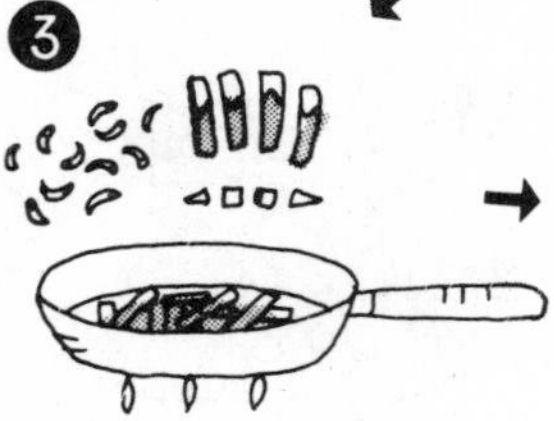

當炒軟之後，放入小干白魚、條狀魚板、紅辣椒，混合著炒。

整體用火炒過後，加入醬油、酒、砂糖，炒至水份消失即完成。

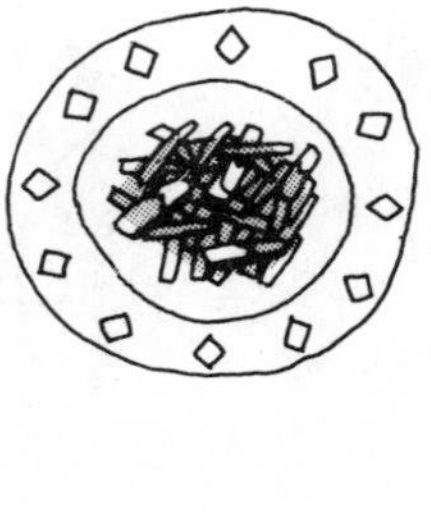

其③ 番茄醬拌鮭魚

材料（四人份）

鮭魚／4片、奶油／5大匙、鹽・胡椒／各適量、番茄醬／¼杯、白酒／½杯、馬鈴薯泥／200g、牛奶／½杯、水田芥／少許

將鹽、胡椒輕撒在鮭魚上。平底鍋加熱後放入4大匙奶油，煎鮭魚上下兩面。

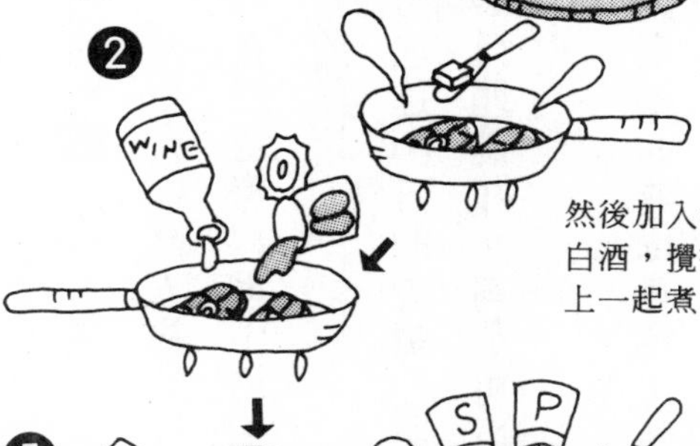

然後加入番茄醬與白酒，攪拌在鮭魚上一起煮。

馬鈴薯泥上撒鹽、胡椒再加牛奶後一起攪拌。用剩餘的一大匙奶油炒玉米粒，用鹽、胡椒調味。

把鮭魚盛在盤上，旁邊擺著馬鈴薯泥、玉米粒、水田芥。

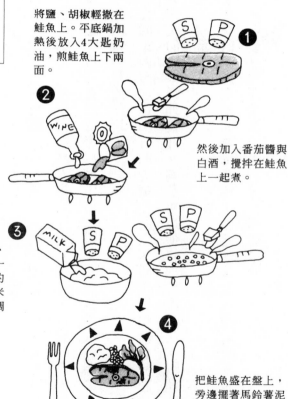

受人歡迎者左右逢緣

幫助人緣運的菜單

若要提高人緣，必須活用南方的力量。南方的力量，以甲殼類為最。蝦、蟹不僅能增強企劃力，還具有提高人緣的作用。不過，若想提高人緣，光憑蝦、蟹稍嫌不足。最好在蝦或蟹料理上添加蔬菜。而且是綠色蔬菜。因為，綠色具有強化南方力量的作用。

而且，發亮的東西會加速南方的力量。所以，蝦、蟹和蔬菜一起炒，再用太白粉做成勾芡的中華料理最好。勾芡可以使料理增添光澤。料理時的鍋子，最好也使用發亮的素材。

使用閃閃發亮的不銹鋼鍋而非琺瑯鍋，裝盛、洗滌蔬菜的簍子也不用塑膠製品而用不銹鋼製品的白鐵簍子等。這些都能幫助你提高人緣。

炸蝦拌勾芡

其①

材料（四人份）

蝦（帶殼）／400g、酒／1大匙、鹽／適量、麵粉／適量、西洋花菜／1把、香菇／6片、高湯／1杯、醬油／1小匙、砂糖／1小匙、加水後的太白粉／2小匙、油／適量

蝦子洗淨後剝殼，取出背部沙囊，撒一點酒和鹽。

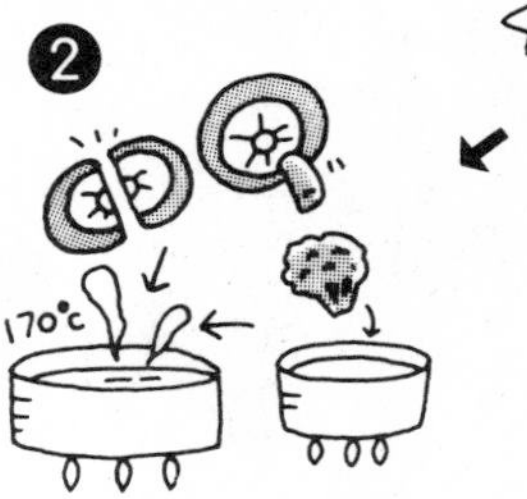

切掉香菇的蒂，再切成對半，西洋花菜快速煮過，然後各在170度高溫的油內炸過。

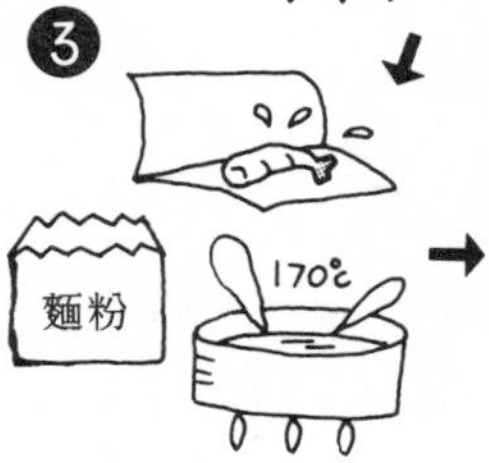

充分瀝淨蝦內水氣，沾上薄薄的麵粉，用170度的油炸過。

高湯內加醬油、砂糖、½小匙鹽後煮沸。接著放入溶水後的太白粉做成勾芡。

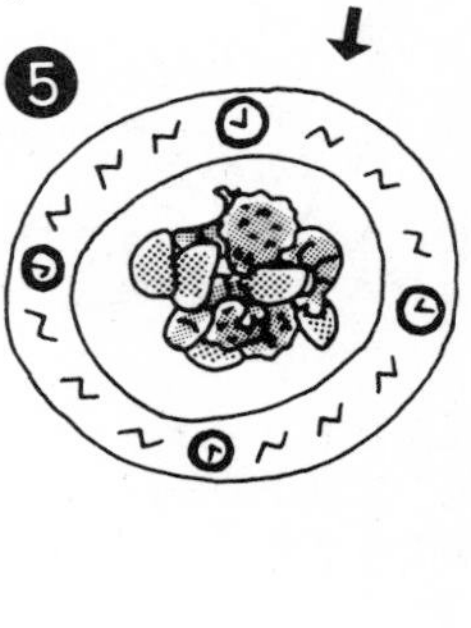

在炸過的香菇、西洋花菜、蝦子上淋④就完成。

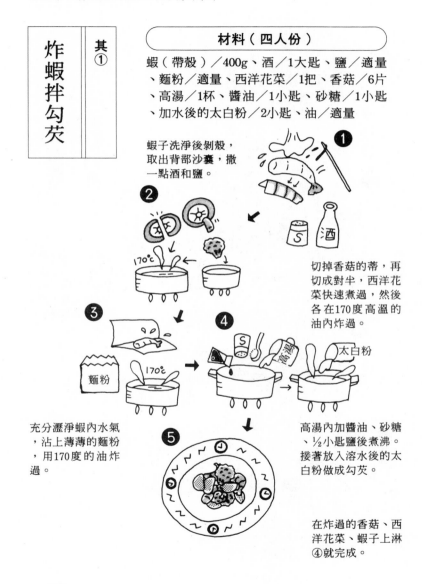

其② 西洋花菜拌蟹醬

材料（四人份）

蟹肉／300g、西洋花菜／2顆、玉米醬／2杯、蛋白／2個量、紹興酒／適量、溶水後的太白粉／½大匙、油／適量、薑汁／1小匙、鹽／少許、味精／少許

① 蟹肉浸泡在薑汁、½大匙的紹興酒內，事先做好調味。然後放入煮沸的湯內，快速燙過。

② 西洋花菜切成容易入口的大小，放入煮沸的湯內。然後加味精、鹽、少許油，不要煮得太軟。

③ 在鍋內加熱油，放入玉米醬、一小匙紹興酒、水溶後的太白粉、攪拌後的蛋白、煮過的蟹肉，快速攪拌在一起。

④ 將③做好的勾芡醬淋在盛在容器上的西洋花菜上就完成了。

蘆筍炸蝦肉

其③

材料（四人份）

綠蘆筍／2把、紅蝦／10g、蛋／1個、麵粉／1杯、醬油／½小匙、檸檬／½個、油／適量

❶

將蛋打在刻度杯內，加入冷水直到一杯量。紅蝦米切粗一點。

❷

將①放入調味鍋內，將麵粉用撒放的方式加入。然後加醬輕輕攪拌。

❸

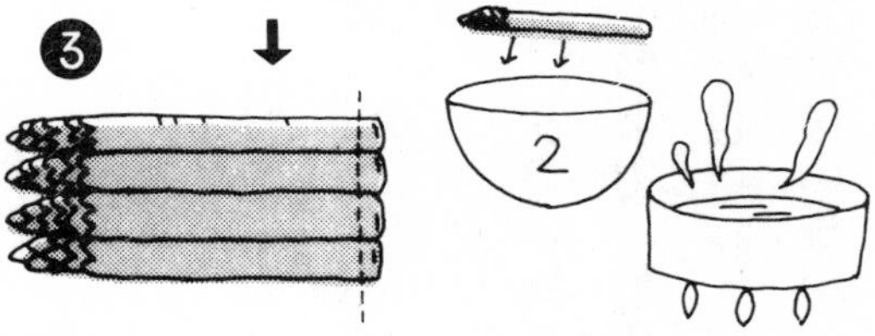

切掉綠蘆筍較硬的根部。每一根沾上②的外皮，放入熱油中。

❹

注意綠蘆筍不要鍋內重疊，仔細反覆上下翻攪著炸。盛入盤內加一片檸檬就完成了。

運氣決定一切勝負

幫助獎券、賭博運的菜單

能夠提高獎券或賭博運的是以麵包為主的食物，如三明治、披薩等等。儘可能選擇添加紅、白等顏色與根菜的料理。譬如，熱狗一定加番茄醬和黃瓜泡菜，有時還加洋蔥。

番茄醬是紅色，具有東方力量所代表的「勝負」的運氣。黃瓜泡菜具有靈感與耐性的力量。而麵包象徵堅持到底的執著力。麵包具有和根菜類似的作用。香腸儘量選擇小一點。其實，沒有香腸也可以。白色、紅色與根菜類和麵包。這些力量混合後，必能培養在勝負關鍵中拔得頭籌的運氣。

如果沒有麵包，只要其餘三項齊全的食物都ＯＫ。同時，做重大的勝負決戰時，白米也不錯。以前我常到賽馬場，每次一定邊吃著米菓前往。

法式燉煮青花魚與番茄

其①

材料（四人份）

青花魚／3隻、番茄罐頭／2罐、洋蔥／1個、西洋芹／1隻、紅蘿蔔／½根、三葉菜／3片、玉米醬／3杯、橄欖油、麵粉／各適量、西洋香菜・鹽・胡椒／各少許

❶ 洋蔥、紅蘿蔔、西洋芹各切成細碎，放在鍋內用橄欖油炒熱。

❷ 然後加入罐裝番茄、玉米醬、三葉菜，一直燉煮到青菜變軟為止。

❸ 青花魚如圖示切開，將上、下片魚肉各切成四等分，撒上鹽、胡椒之後再撒麵粉。

❹ 橄欖油在平底鍋內加熱，將③上下兩面煎至焦黃。

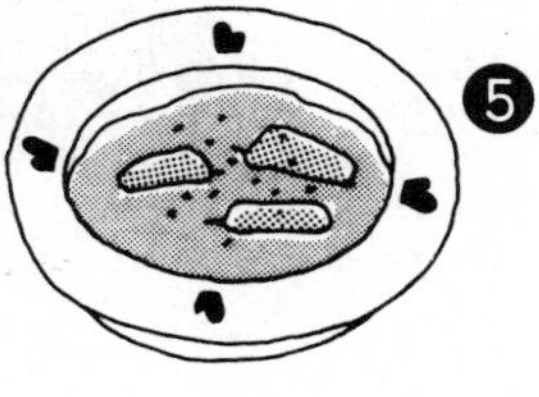

❺ ①內加④，用鹽、胡椒調味。盛在碗盤內，上頭撒西洋香菜就完成。

其② 熱狗

材料（四人份）

橄欖菜／150g、培根／4片、醋、砂糖／各適量、香腸／4條、熱狗用的麵包／4個、奶油、番茄醬、芥菜／各適量、胡椒／少許

橄欖菜洗淨後去水氣，切成寬1cm的短條狀。用鹽搓揉至軟後，用手擠乾。

在平底鍋內加熱，快速炒切成兩半的培根。然後加上①，再用胡椒、醋、砂糖調味。

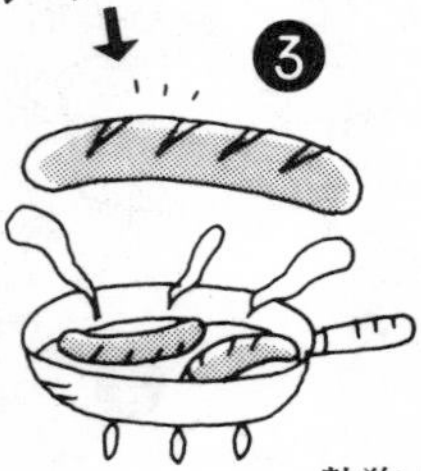

熱狗上用刀切開數條紋路，煎至油亮。

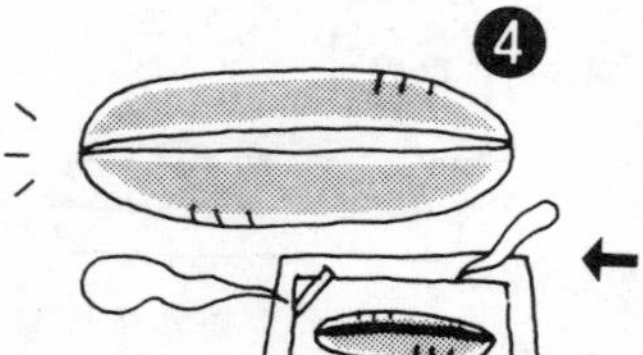

用刀子將麵包由中間剖開，用烤箱烤一下。在切開口上塗奶油，裡頭夾②和③。上頭澆番茄醬與芥菜就完成了。

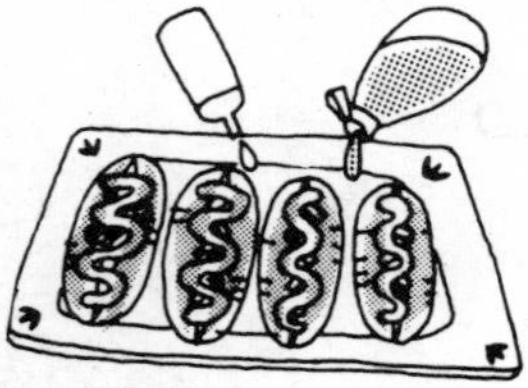

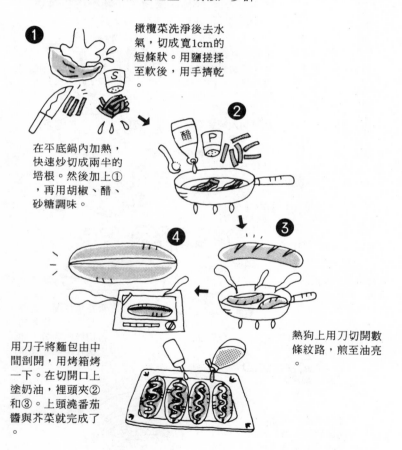

總匯三明治

其③

材料（四人份）

萵苣／¼個、洋蔥／½個、番茄／1個、培根／4片、蛋／4個、雞肉／150g、鹽、胡椒／少許、沙拉油／適量、土司／12片、奶油、芥菜／各適量

洋蔥、番茄切成薄片。萵苣洗淨後去除水氣，大片地剝開。培根切成5cm左右，煎至酥脆。

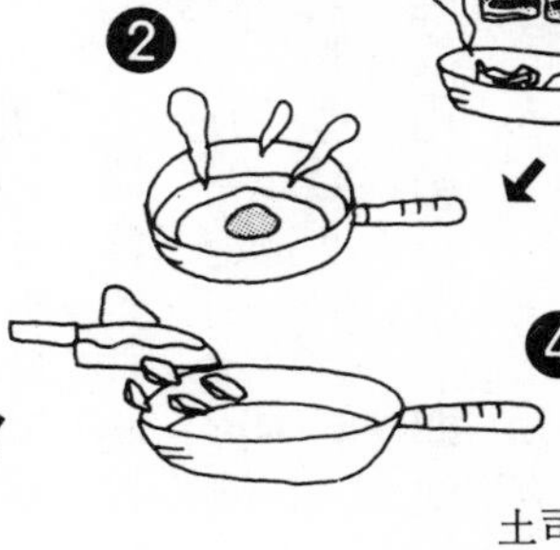

剝開蛋殼煎成荷包蛋。雞肉切薄片，在平底鍋內加熱油炸。

用烤箱將土司兩面烤熟，八片上塗奶油，四片上塗芥菜。

土司上鋪萵苣、洋蔥、番茄與培根。上頭放兩面塗奶油的土司，再放荷包蛋、雞肉片，然後再疊上土司做成三段。

蓋上鋁箔紙，放在平盤上，上頭用重物壓2～3分鐘。切掉土司的外沿，切成喜愛的形狀裝在盤上。

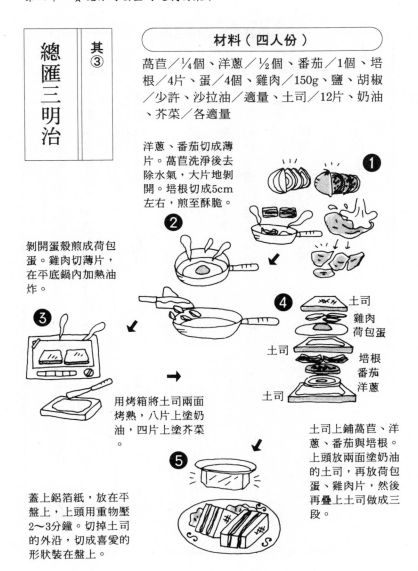

小林先生的開運專欄

水

水是現代人的最愛，到處有關水的健康法與美容法，而便利超商的礦泉水更是賣況極佳的商品。

食物的美味與否，結果是由水來決定。縱然擁有多麼珍貴難得的料理材料，如果用不好吃的水來調理，鐵定適得其反。因為，喝了不好的水，只會對身體帶來傷害。

據說人體內有七五％是由水形成。從此不難瞭解，水的好壞大幅地影響個人的運氣。

絕對不可勉強飲用劣質水。即使必須花一點錢，也應喝良質水。

附帶一提的是，我個人為了加強運氣，常喝的是「水波的水」。那是位於金澤美川町、觀音菩薩的水。任何人飲用此水都能擁有幸福。我每個月必叫人送此水來喝。

第五章

聰明的選擇才能帶來好運的外食菜單

本章當做是之前所談理論的「實踐篇」，列出具體的菜單，把各種料理具有何種運氣做成一覽表。

同樣一碗拉麵，根據調味、佐料而會改變食物的運氣。譬如，味噌拉麵是因為味噌＝茶，結果帶來整體運勢提升的菜單。而叉燒麵的叉燒可增強人際關係運與財運。

我認為各位也應瞭解，同樣一個菜單，因其中的調味、佐料或顏色的不同，運氣也會做轉變。

同時，一般而言佐料越多越能吸收各種運氣，但各種佐料太小時，運氣也會相對地變小。

各位無需一一仔細默記。只要大致瀏覽一遍，理解各種料理的傾向就行，例如：「原來吃麵會增強人際關係」等等。接著就請您自己身體力行，並培養直覺。

而在此並不考慮產地的問題。同時，表中的人際運＝人際關係運、賭事運＝獎券、賭博運。

拉麵

利用顏色分類來考慮，如味噌調味是茶色、醬油調味是紅茶色、豬肉調味是白色。茶色代表整體運；赤茶色是發展性的企圖心；白色代表家庭、努力。而炒麵的顏色是金黃色，因而會帶來財運。

	整體運	人際運	戀愛運	財　運	工作運	考試運	人緣運	賭事運
味噌麵	○							
醬油麵		○			○			
豬肉燉湯、鹽巴調味的麵			○					
叉燒麵		○		○				
涼拌麵	○			○				
炒麵	○			○				

烏龍麵

長條狀的事物可結緣，因此，烏龍麵適宜一切戀愛關係。其中的變化則因佐料而不同。

	整體運	人際運	戀愛運	財運	工作運	考試運	人緣運	賭事運
烏龍涼麵		○	○					
烏龍炸蝦麵			○				○	
烏龍雞蛋麵			○	○				
烏龍肉片麵	○		○	○				
烏龍炒麵	○		○			○		
烏龍清蔥麵			○	○				

油炸食品

油炸食品本身並無吉凶之別。炸馬鈴薯球是以馬鈴薯、豬排是以豬肉、炸蝦是以蝦子等素材所具有的力量來決定。

	整體運	人際運	戀愛運	財運	工作運	考試運	人緣運	賭事運
炸馬鈴薯球		○	○					○
豬排	○				○			
炸蝦							○	
炸雞塊				○				
蔬菜天婦羅	○	○			○			
炸豆腐		○	○					

麵類

麵類全都適宜戀愛運。而其他運勢則由佐料左右。例如，鯡魚麵之所以能提高人緣運，乃因鯡魚這種魚會發亮的緣故，發亮的食物具有聚集人緣的力量。

	整體運	人際運	戀愛運	財運	工作運	考試運	人緣運	賭事運
素湯麵		○	○					
清蔥麵			○	○				
炸蝦麵			○				○	
山藥糊麵			○			○		○
什錦麵	○		○		○	○		
鯡魚麵			○				○	

燴飯類

雖然由佐料決定運勢，但整體而言都能提高工作運。中華燴飯之所以對考試有極大助力，乃是基於其中混雜各種佐料＝對各種考試問題迎刃而解的構想。

	整體運	人際運	戀愛運	財運	工作運	考試運	人緣運	賭事運
炸蝦飯					○		○	
雞肉飯				○				
鰻魚飯		○	○					
牛肉飯				○	○			
豬排飯	○			○	○			
什錦燴飯	○					○		

肉類料理

肉類的運氣會因味道與素材擁有的力量而改變。同樣是牛肉，如果是炒牛肉可助長工作運，而牛排的運氣之所以不同，乃因大蒜的作用使然，大蒜能振奮人心。

	整體運	人際運	戀愛運	財運	工作運	考試運	人緣運	賭事運
漢堡	○					○		
牛排				○				○
烤雞肉				○				
烤豬肉				○	○			
炒豬肝韮菜	○		○					
豬排	○				○			

中華料理

中華料理是以味道來決定，而非材料。炒飯適合財運、工作運、考試運，但佐料太小，因而各種運氣都不太強。總之，可以提高整體運。

	整體運	人際運	戀愛運	財運	工作運	考試運	人緣運	賭事運
炒飯	○			○	○	○		
糖醋肉		○			○			
辣炒鮮蝦					○		○	
水餃	○		○					
青椒肉絲	○		○			○		
春捲			○		○			
麻婆豆腐		○	○					

湯汁類

湯汁類多半也由顏色來決定。○似乎較少，但一般而言，它們都會對整體運、人際關係運產生作用，因此，可以調整整體飲食之「運氣」的均衡。

	整體運	人際運	戀愛運	財運	工作運	考試運	人緣運	賭事運
玉米濃湯	○							
酸辣湯		○					○	
玉米湯		○						
紅色高湯	○							
白色味噌湯		○						
豬肉湯	○					○		
清湯	○						○	

壽司

壽司的酸甜味，綜合而言可助長工作運。而納豆是發酵的食品。發酵的食品可培養耐性，按步就班紮實努力。

	整體運	人際運	戀愛運	財運	工作運	考試運	人緣運	賭事運
鮪魚壽司					○			
鱆魚壽司			○		○			
甜蝦壽司					○		○	
納豆捲壽司	○		○		○	○		
豆腐皮壽司				○	○			
什錦壽司	○				○			

西餐

咖哩、牛肉番茄醬飯、西式什錦炒飯，這些上班族在午餐常吃的料理，有趣的是都能助長工作運。海鮮奶油這道料理中的管狀義大利麵（長形物）能帶來戀愛運。

	整體運	人際運	戀愛運	財運	工作運	考試運	人緣運	賭事運
海鮮奶油		○	○					
Lasagna	○							
什錦炒飯					○			
牛肉蕃茄醬飯	○				○			
咖哩飯	○			○	○			
燜燉牛肉	○				○			
雞蛋飯				○	○			

日本料理①

以米飯為主食的日本料理，一般而言都對事業有利。根據各種菜餚的組合，可以擁有複合的運氣。

	整體運	人際運	戀愛運	財運	工作運	考試運	人緣運	賭事運
燙青菜		○						
炒牛蒡		○				○		
納豆	○					○		
烤魚		○						
雞蛋煎				○				
筑前煮（關東煮的一種）	○			○		○		

日本料理②

豬塊燉馬鈴薯這道料理可提高人際關係，尤其是家族的親密度。自古傳承的家常菜中，有許多能提升家庭運的料理。

	整體運	人際運	戀愛運	財運	工作運	考試運	人緣運	賭事運
炒羊肉		○						○
豬塊燉馬鈴薯	○	○		○		○		○
味噌燉青花魚	○						○	
炸漢堡堡	○				○			
蘿蔔醬菜				○				○
滷豆腐	○							

速食品

魚香堡所用的白色魚肉可提高戀愛運。約會時選用魚香堡，遠比起司堡來得有利。而吃炸雞可改善缺錢時的財運。

	整體運	人際運	戀愛運	財運	工作運	考試運	人緣運	賭事運
起司堡		○						○
魚香堡		○	○					○
炸薯條		○						
炸雞				○				
熱狗								○
什錦披薩		○			○			

火鍋料理

火鍋料理可攝取蔬菜、肉類等各種食品，因此，它是改善運氣的最佳料理法。風水上特別推崇這種料理。而內臟為主的火鍋由於味道濃烈，有助戀愛運。

	整體運	人際運	戀愛運	財運	工作運	考試運	人緣運	賭事運
烤肉火鍋	○			○	○			
什錦火鍋				○	○			
石頭火鍋	○					○		
關東煮	○							
內臟火鍋		○	○		○			
河豚火鍋	○		○					

便利商店（外帶）

便利商店出售的便當，由於米飯是主食，自然能提高工作運。海苔也是有利工作運的食品。上班族吃午餐時，建議您還是吃能夠提高工作運的米飯類。

	整體運	人際運	戀愛運	財運	工作運	考試運	人緣運	賭事運
海苔便當					○			
四色便當					○			
鮭魚便當					○			
飯糰					○			
三明治								○
麵包		○						○

下酒菜

以下酒菜這個範圍而言，並無運氣的特徵。喝酒時只要重視各個素材所具有的力量來選擇即可。

	整體運	人際運	戀愛運	財運	工作運	考試運	人緣運	賭事運
生魚片		○	○		○			
毛豆	○							
冷豆腐	○	○	○					
辣拌花枝條							○	
香腸				○				
洋蔥片	○							

沙拉

以蔬菜為主的沙拉，具有提高人緣運與整體運的效果。而運氣不僅因材料的不同，也會因調味醬的味道而有差別。

	整體運	人際運	戀愛運	財運	工作運	考試運	人緣運	賭事運
馬鈴薯沙拉	○					○	○	○
海鮮沙拉	○						○	
義大利式沙拉	○						○	
水果沙拉	○			○			○	
鮮果沙拉	○						○	
海藻沙拉	○	○					○	

小點心

隨手取用的小點心，也有各種不同的運氣。希望各位能依各種狀況做選擇。巧克力之所以能強化整體運，乃是因顏色是茶色。

	整體運	人際運	戀愛運	財運	工作運	考試運	人緣運	賭事運
米菓				○	○			
巧克力	○			○				
洋芋片		○						○
蛋糕	○							
鱆魚丸子			○		○		○	
爆米花			○	○				

西式糕點

甜點都能提高財運。而布丁的糖衣是茶色，因而可提高整體運。甜甜圈是圓形狀，能提升工作運。

	整體運	人際運	戀愛運	財運	工作運	考試運	人緣運	賭事運
小蛋糕	○			○				
小麥餅		○				○		○
熱點心	○			○				
甜甜圈				○	○			○
布丁	○	○		○				
冰淇淋		○		○				

日式糕點

一般而言，紅豆餡可提高整體運，黃豆粉能助長財運。而日式點心中常用的麻糬，能加強賭事運。

	整體運	人際運	戀愛運	財運	工作運	考試運	人緣運	賭事運
紅豆餅	○			○				
甜饅頭				○	○			○
羊羹				○				
蜜汁丸子	○			○				○
大福餅	○			○				○
黃豆粉麻糬				○				○

小林先生的開運專欄

用餐的規矩

我在二十八歲時，開設一家日本懷石料理補習班，之後二十年來職任班主任。懷石料理有一定的用餐規矩，如果身為班主任的我，吃懷石料理而違反規矩，簡直不像話。不僅是用筷子的方式，每一個細節規矩都一一銘記在心。

於是，我突然想到，用餐時碗筷零亂而餐桌不潔的人，運氣是不會光顧的。縱然眼前擺設對運氣有多麼好影響的料理，用餐時飯菜落地或發出聲音，暴露醜態的吃法，也會使難得的運氣化為烏有。

唯有符合用餐規矩的吃法，才能活現具有好運之料理的功效。

我們常說看一個人用餐，就會瞭解他的為人，其實看一個人用餐，也能瞭解他的運氣。若要更加提升帶來好運的料理，請各位務必記住禮儀端莊的用餐規矩。

第六章

外食菜單對決！配合個人狀況的用餐法

在外用餐通常事先已有選擇，但可能不知道那一家店而為難吧。譬如，想吃簡便的速食，卻在肯德基和麥當勞之間左右為難。

以下的對照表對各位大有幫助。接著讓主要的外食料理依狀況別做一番對決。

約會時、口袋空空時、與朋友在一起時、在工作上或賭博時，何種狀況做何選擇，光看以下的對決表就能一目瞭然！

根據每個狀況，會在較適當的一方畫一個圓圈。「一」是不分勝負。表示做何選擇都一樣。不過，它並不表示「兩者都沒有運氣」，有時可能是兩者的運氣相同，或兩者都與該運氣無關。

同時，同樣對財運有好影響的料理，素材的作用較強者獲勝。不過，請注意這完全是相對關係，而不是絕對的基準。

總之，在外用餐而不知做何選擇時，請參照以下的對決表，召喚你的運氣吧！

麥當勞

肯德基

約會時選肯德基、工作中選麥當勞

麥當勞		肯德基
	約會	○
	缺錢時	○
○	與朋友相處時	
○	商場上	
○	賭博上	

牛肉飯

鮪魚飯

牛肉比鮪魚的力量來得強

牛肉飯		鮪魚飯
—	約會	—
○	缺錢時	
—	與朋友相處時	—
○	商場上	
—	賭博上	—

味噌拉麵

豬肉湯拉麵

根據湯汁顏色的不同而決定運氣

味噌拉麵		豬肉湯拉麵
—	約會	—
	缺錢時	○
—	與朋友相處時	—
○	商場上	
○	賭博上	

牛　排

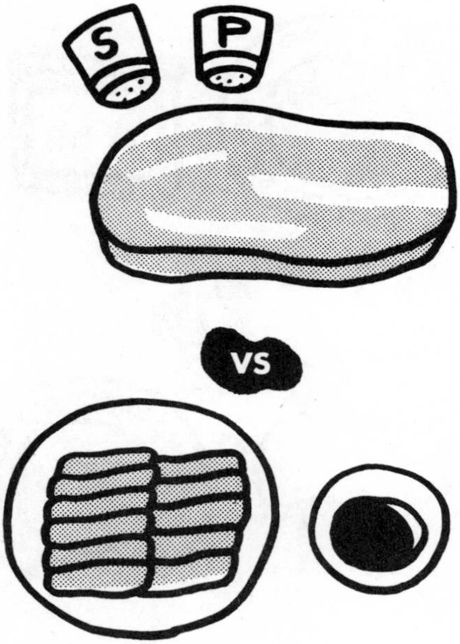

烤牛肉

同樣是牛肉，根據調味的不同差異甚大！

牛排		烤牛肉
○	約會	
—	缺錢時	—
	與朋友相處時	○
—	商場上	—
	賭博上	○

傳統湯麵

炒　麵

傳統湯麵可振奮人心，炒麵能結緣

傳統湯麵		炒　麵
	約會	○
○	缺錢時	
	與朋友相處時	○
○	商場上	
	賭博上	○

烤肉式火鍋

水煮式火鍋

可以取得較多佐料的烤肉式火鍋較好。（如果加烏龍麵則平手）

烤肉式火鍋		水煮式火鍋
○	約會	
	缺錢時	○
—	與朋友相處時	—
○	商場上	
○	賭博上	

麵　包

米　飯

不知做何選擇時，挑米飯則萬無一失

麵包		米飯
—	約會	—
—	缺錢時	—
○	與朋友相處時	
	商場上	○
—	賭博上	—

鱆魚小丸子

炒　麵

鱆魚的力量會壓倒炒麵！

鱆魚小丸子		炒　麵
	約會	○
○	缺錢時	
—	與朋友相處時	—
○	商場上	
○	賭博上	

冰淇淋

蛋　糕

圓形的冰淇淋和三角形的蛋糕的差別

冰淇淋		蛋　糕
	約會	○
—	缺錢時	—
○	與朋友相處時	
—	商場上	—
○	賭博上	

咖　啡

檸檬茶

商場上選檸檬茶、個人私事則選咖啡較好

咖　啡		檸檬茶
—	約會	—
○	缺錢時	
○	與朋友相處時	
	商場上	○
○	賭博上	

烏龍麵

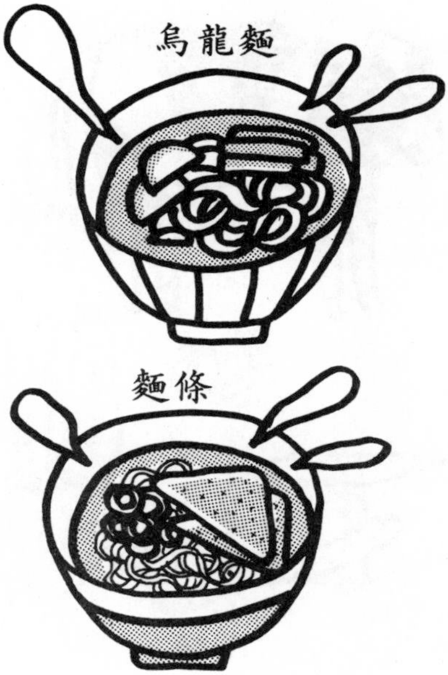

麵　條

不分勝負。兩者差不多

烏龍麵		麵　條
—	約會	—
—	缺錢時	—
—	與朋友相處時	—
—	商場上	—
—	賭博上	—

羅宋湯

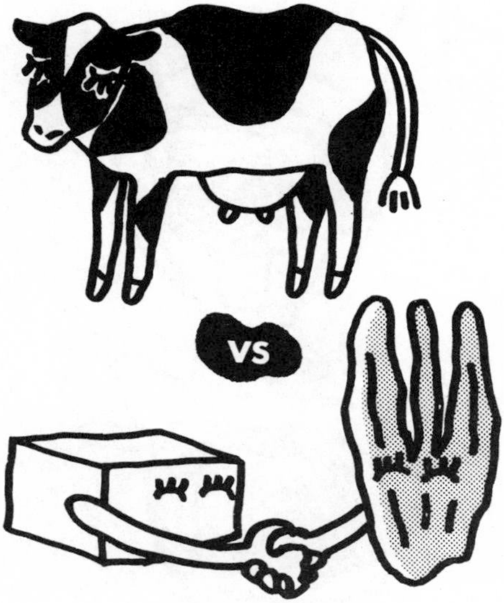

豆腐嫩海帶味噌湯

乳製品和豆腐及嫩海帶等佐料的勝負對決

羅宋湯		豆腐和嫩海帶味噌湯
○	約會	
○	缺錢時	
—	與朋友相處時	—
	商場上	○
	賭博上	○

牛肉咖哩

雞肉咖哩

牛肉或雞肉，根據肉品素材的特性決定勝負

牛肉咖哩		雞肉咖哩
	約會	○
—	缺錢時	—
—	與朋友相處時	—
	商場上	○
○	賭博上	

三明治

飯　糰

商場上選飯糰，約會時選三明治

三明治		飯　糰
○	約會	
—	缺錢時	—
—	與朋友相處時	—
	商場上	○
○	賭博上	

義大利麵

奶油燴飯

長形食品與乳製品的對決

義大利麵		奶油燴飯
○	約會	
	缺錢時	○
○	與朋友相處時	
—	商場上	—
	賭博上	○

豬肉串

雞肉串

由豬肉與雞肉之間不同的運氣而決定

豬肉串		雞肉串
	約會	○
	缺錢時	○
	與朋友相處時	○
—	商場上	—
○	賭博上	

內臟火鍋

湯豆腐

豆腐和內臟的差別。豆腐是具有極大能力的食物

內臟火鍋		湯豆腐
	約會	○
	缺錢時	○
—	與朋友相處時	—
—	商場上	—
○	賭博上	

炸蝦飯

豬排飯

蝦子和豬肉的差別。兩者幾乎不分上下

炸蝦飯		豬排飯
—	約會	—
—	缺錢時	—
—	與朋友相處時	—
	商場上	○
○	賭博上	

什錦涼麵

細　麵

佐料豐富的什錦涼麵，佔居壓倒性的勝利！

什錦涼麵		細麵
○	約會	
○	缺錢時	
—	與朋友相處時	—
○	商場上	
—	賭博上	—

柳橙汁

蔬菜汁

選擇能振奮士氣的柑橘類或在勝負居較大優勢的蔬菜汁

柳橙汁		蔬菜汁
—	約會	—
—	缺錢時	—
—	與朋友相處時	—
○	商場上	
	賭博上	○

尾聲

對於飲食能夠開運心存疑問的你，是否已有付諸實行的念頭呢？

以上所述絕非謊言或無中生有。就連在日本中華料理界極富盛名的周德富先生也大吃一驚。

愉快的用餐又能開運。風水的開運料理可說是最不浪費的飲食生活。只要二～三年的時間，相信無人不知、無人不曉。

「就吃這個東西來提高財運吧！」若有人這麼做，周遭者也許不解：「到底在想什麼？」

但是，當他們看著你生活變得越來越幸福時，他們將由狐疑轉為驚訝吧。

當你因為本書而擁有幸福時，請你務必把這個法則傳授給周遭者。

再者，如果你因此而對風水更感興趣，不妨也試試我所提倡的室內裝潢、流行服飾、行動學或方位旅行等開運法。

書末附有拙著一覽表，如果參考這些書目做綜合性的實踐，運氣必更上層樓。

本書編輯之際，承蒙田中主編莫大的照顧，在此表示謝意。而編輯部的三浦容子小姐，為本書的出版不辭辛勞到我的料理補習班，一再地實踐並試食風水開運料理，結果由苗條輕盈的身材搖身一變為豐滿而具有好運兆的體態，在此也致上最高的歉意與感謝。同時，一宮庵的齊藤宗厚老師及補習班的成員們為本書做出各種料理及菜單，一併表示謝意。

下一個著作預定書寫各位最喜歡的旅行開運，並達成夢想的「風水開運旅行術」。

敬請期待。

小林祥晃

小林祥晃著作一覽表

〈大展出版社國際中文版正式授權〉

●室內擺設創好運……200元
●室內裝潢開運法……230元
●新大開運吉方位……200元
●風水的奧義……200元
●開運風水收藏術……200元
●商場開運風水術……200元
●風水開運飲食法……200元

作者連絡處……東京都世田谷區瀨田4—25—4
小林祥晃事務局（☎03·3708·0404）

大展出版社有限公司	圖書目錄
地址：台北市北投區11204 致遠一路二段12巷1號 郵撥： 0166955～1	電話：(02) 8236031 8236033 傳眞：(02) 8272069

•法律專欄連載•電腦編號58

台大法學院 法律學系／策劃 法律服務社／編著

①別讓您的權利睡著了[1]		200元
②別讓您的權利睡著了[2]		200元

•秘傳占卜系列•電腦編號14

①手相術	淺野八郎著	150元
②人相術	淺野八郎著	150元
③西洋占星術	淺野八郎著	150元
④中國神奇占卜	淺野八郎著	150元
⑤夢判斷	淺野八郎著	150元
⑥前世、來世占卜	淺野八郎著	150元
⑦法國式血型學	淺野八郎著	150元
⑧靈感、符咒學	淺野八郎著	150元
⑨紙牌占卜學	淺野八郎著	150元
⑩ＥＳＰ超能力占卜	淺野八郎著	150元
⑪猶太數的秘術	淺野八郎著	150元
⑫新心理測驗	淺野八郎著	160元
⑬塔羅牌預言秘法	淺野八郎著	200元

•趣味心理講座•電腦編號15

①性格測驗１	探索男與女	淺野八郎著	140元
②性格測驗２	透視人心奧秘	淺野八郎著	140元
③性格測驗３	發現陌生的自己	淺野八郎著	140元
④性格測驗４	發現你的真面目	淺野八郎著	140元
⑤性格測驗５	讓你們吃驚	淺野八郎著	140元
⑥性格測驗６	洞穿心理盲點	淺野八郎著	140元
⑦性格測驗７	探索對方心理	淺野八郎著	140元
⑧性格測驗８	由吃認識自己	淺野八郎著	160元

⑨性格測驗 9	戀愛知多少	淺野八郎著	160元
⑩性格測驗10	由裝扮瞭解人心	淺野八郎著	160元
⑪性格測驗11	敲開內心玄機	淺野八郎著	140元
⑫性格測驗12	透視你的未來	淺野八郎著	160元
⑬血型與你的一生		淺野八郎著	160元
⑭趣味推理遊戲		淺野八郎著	160元
⑮行爲語言解析		淺野八郎著	160元

・婦 幼 天 地・電腦編號 16

①八萬人減肥成果	黃靜香譯	180元
②三分鐘減肥體操	楊鴻儒譯	150元
③窈窕淑女美髮秘訣	柯素娥譯	130元
④使妳更迷人	成　玉譯	130元
⑤女性的更年期	官舒妍編譯	160元
⑥胎內育兒法	李玉瓊編譯	150元
⑦早產兒袋鼠式護理	唐岱蘭譯	200元
⑧初次懷孕與生產	婦幼天地編譯組	180元
⑨初次育兒12個月	婦幼天地編譯組	180元
⑩斷乳食與幼兒食	婦幼天地編譯組	180元
⑪培養幼兒能力與性向	婦幼天地編譯組	180元
⑫培養幼兒創造力的玩具與遊戲	婦幼天地編譯組	180元
⑬幼兒的症狀與疾病	婦幼天地編譯組	180元
⑭腿部苗條健美法	婦幼天地編譯組	180元
⑮女性腰痛別忽視	婦幼天地編譯組	150元
⑯舒展身心體操術	李玉瓊編譯	130元
⑰三分鐘臉部體操	趙薇妮著	160元
⑱生動的笑容表情術	趙薇妮著	160元
⑲心曠神怡減肥法	川津祐介著	130元
⑳內衣使妳更美麗	陳玄茹譯	130元
㉑瑜伽美姿美容	黃靜香編著	180元
㉒高雅女性裝扮學	陳珮玲譯	180元
㉓蠶糞肌膚美顏法	坂梨秀子著	160元
㉔認識妳的身體	李玉瓊譯	160元
㉕產後恢復苗條體態	居理安・芙萊喬著	200元
㉖正確護髮美容法	山崎伊久江著	180元
㉗安琪拉美姿養生學	安琪拉蘭斯博瑞著	180元
㉘女體性醫學剖析	增田豐著	220元
㉙懷孕與生產剖析	岡部綾子著	180元
㉚斷奶後的健康育兒	東城百合子著	220元
㉛引出孩子幹勁的責罵藝術	多湖輝著	170元

㉜培養孩子獨立的藝術	多湖輝著	170元
㉝子宮肌瘤與卵巢囊腫	陳秀琳編著	180元
㉞下半身減肥法	納他夏・史達賓著	180元
㉟女性自然美容法	吳雅菁編著	180元
㊱再也不發胖	池園悅太郎著	170元
㊲生男生女控制術	中垣勝裕著	220元
㊳使妳的肌膚更亮麗	楊　皓編著	170元
㊴臉部輪廓變美	芝崎義夫著	180元
㊵斑點、皺紋自己治療	高須克彌著	180元
㊶面皰自己治療	伊藤雄康著	180元
㊷隨心所欲瘦身冥想法	原久子著	180元
㊸胎兒革命	鈴木丈織著	180元
㊹NS磁氣平衡法塑造窈窕奇蹟	古屋和江著	180元
㊺享瘦從腳開始	山田陽子著	180元
㊻小改變瘦4公斤	宮本裕子著	180元

・青 春 天 地・電腦編號 17

①A血型與星座	柯素娥編譯	160元
②B血型與星座	柯素娥編譯	160元
③O血型與星座	柯素娥編譯	160元
④AB血型與星座	柯素娥編譯	120元
⑤青春期性教室	呂貴嵐編譯	130元
⑥事半功倍讀書法	王毅希編譯	150元
⑦難解數學破題	宋釗宜編譯	130元
⑧速算解題技巧	宋釗宜編譯	130元
⑨小論文寫作秘訣	林顯茂編譯	120元
⑪中學生野外遊戲	熊谷康編著	120元
⑫恐怖極短篇	柯素娥編譯	130元
⑬恐怖夜話	小毛驢編譯	130元
⑭恐怖幽默短篇	小毛驢編譯	120元
⑮黑色幽默短篇	小毛驢編譯	120元
⑯靈異怪談	小毛驢編譯	130元
⑰錯覺遊戲	小毛驢編譯	130元
⑱整人遊戲	小毛驢編著	150元
⑲有趣的超常識	柯素娥編譯	130元
⑳哦！原來如此	林慶旺編譯	130元
㉑趣味競賽100種	劉名揚編譯	120元
㉒數學謎題入門	宋釗宜編譯	150元
㉓數學謎題解析	宋釗宜編譯	150元
㉔透視男女心理	林慶旺編譯	120元

㉕少女情懷的自白	李桂蘭編譯	120元
㉖由兄弟姊妹看命運	李玉瓊編譯	130元
㉗趣味的科學魔術	林慶旺編譯	150元
㉘趣味的心理實驗室	李燕玲編譯	150元
㉙愛與性心理測驗	小毛驢編譯	130元
㉚刑案推理解謎	小毛驢編譯	130元
㉛偵探常識推理	小毛驢編譯	130元
㉜偵探常識解謎	小毛驢編譯	130元
㉝偵探推理遊戲	小毛驢編譯	130元
㉞趣味的超魔術	廖玉山編著	150元
㉟趣味的珍奇發明	柯素娥編著	150元
㊱登山用具與技巧	陳瑞菊編著	150元

・健康天地・電腦編號18

①壓力的預防與治療	柯素娥編譯	130元
②超科學氣的魔力	柯素娥編譯	130元
③尿療法治病的神奇	中尾良一著	130元
④鐵證如山的尿療法奇蹟	廖玉山譯	120元
⑤一日斷食健康法	葉慈容編譯	150元
⑥胃部強健法	陳炳崑譯	120元
⑦癌症早期檢查法	廖松濤譯	160元
⑧老人痴呆症防止法	柯素娥編譯	130元
⑨松葉汁健康飲料	陳麗芬編譯	130元
⑩揉肚臍健康法	永井秋夫著	150元
⑪過勞死、猝死的預防	卓秀貞編譯	130元
⑫高血壓治療與飲食	藤山順豐著	150元
⑬老人看護指南	柯素娥編譯	150元
⑭美容外科淺談	楊啟宏著	150元
⑮美容外科新境界	楊啟宏著	150元
⑯鹽是天然的醫生	西英司郎著	140元
⑰年輕十歲不是夢	梁瑞麟譯	200元
⑱茶料理治百病	桑野和民著	180元
⑲綠茶治病寶典	桑野和民著	150元
⑳杜仲茶養顏減肥法	西田博著	150元
㉑蜂膠驚人療效	瀨長良三郎著	180元
㉒蜂膠治百病	瀨長良三郎著	180元
㉓醫藥與生活	鄭炳全著	180元
㉔鈣長生寶典	落合敏著	180元
㉕大蒜長生寶典	木下繁太郎著	160元
㉖居家自我健康檢查	石川恭三著	160元

㉗永恒的健康人生	李秀鈴譯	200元
㉘大豆卵磷脂長生寶典	劉雪卿譯	150元
㉙芳香療法	梁艾琳譯	160元
㉚醋長生寶典	柯素娥譯	180元
㉛從星座透視健康	席拉・吉蒂斯著	180元
㉜愉悅自在保健學	野本二士夫著	160元
㉝裸睡健康法	丸山淳士等著	160元
㉞糖尿病預防與治療	藤田順豐著	180元
㉟維他命長生寶典	菅原明子著	180元
㊱維他命C新效果	鐘文訓編	150元
㊲手、腳病理按摩	堤芳朗著	160元
㊳AIDS瞭解與預防	彼得塔歇爾著	180元
㊴甲殼質殼聚糖健康法	沈永嘉譯	160元
㊵神經痛預防與治療	木下眞男著	160元
㊶室內身體鍛鍊法	陳炳崑編著	160元
㊷吃出健康藥膳	劉大器編著	180元
㊸自我指壓術	蘇燕謀編著	160元
㊹紅蘿蔔汁斷食療法	李玉瓊編著	150元
㊺洗心術健康秘法	竺翠萍編譯	170元
㊻枇杷葉健康療法	柯素娥編譯	180元
㊼抗衰血癒	楊啟宏著	180元
㊽與癌搏鬥記	逸見政孝著	180元
㊾冬蟲夏草長生寶典	高橋義博著	170元
㊿痔瘡・大腸疾病先端療法	宮島伸宜著	180元
51膠布治癒頑固慢性病	加瀨建造著	180元
52芝麻神奇健康法	小林貞作著	170元
53香煙能防止癡呆？	高田明和著	180元
54穀菜食治癌療法	佐藤成志著	180元
55貼藥健康法	松原英多著	180元
56克服癌症調和道呼吸法	帶津良一著	180元
57Ｂ型肝炎預防與治療	野村喜重郎著	180元
58青春永駐養生導引術	早島正雄著	180元
59改變呼吸法創造健康	原久子著	180元
60荷爾蒙平衡養生秘訣	出村博著	180元
61水美肌健康法	井戶勝富著	170元
62認識食物掌握健康	廖梅珠編著	170元
63痛風劇痛消除法	鈴木吉彥著	180元
64酸莖菌驚人療效	上田明彥著	180元
65大豆卵磷脂治現代病	神津健一著	200元
66時辰療法──危險時刻凌晨４時	呂建強等著	180元
67自然治癒力提升法	帶津良一著	180元

㊳巧妙的氣保健法　藤平墨子著　180元
㊴治癒C型肝炎　熊田博光著　180元
⑩肝臟病預防與治療　劉名揚編著　180元
⑪腰痛平衡療法　荒井政信著　180元
⑫根治多汗症、狐臭　稻葉益巳著　220元
⑬40歲以後的骨質疏鬆症　沈永嘉譯　180元
⑭認識中藥　松下一成著　180元
⑮認識氣的科學　佐佐木茂美著　180元
⑯我戰勝了癌症　安田伸著　180元
⑰斑點是身心的危險信號　中野進著　180元
⑱艾波拉病毒大震撼　玉川重德著　180元
⑲重新還我黑髮　桑名隆一郎著　180元
⑳身體節律與健康　林博史著　180元
㉑生薑治萬病　石原結實著　180元
㉒靈芝治百病　陳瑞東著　180元
㉓木炭驚人的威力　大槻彰著　200元
㉔認識活性氧　井土貴司著　180元
㉕深海鮫治百病　廖玉山編著　180元
㉖神奇的蜂王乳　井上丹治著　180元

・實用女性學講座・電腦編號19

①解讀女性內心世界　島田一男著　150元
②塑造成熟的女性　島田一男著　150元
③女性整體裝扮學　黃靜香編著　180元
④女性應對禮儀　黃靜香編著　180元
⑤女性婚前必修　小野十傳著　200元
⑥徹底瞭解女人　田口二州著　180元
⑦拆穿女性謊言88招　島田一男著　200元
⑧解讀女人心　島田一男著　200元
⑨俘獲女性絕招　志賀貢著　200元

・校園系列・電腦編號20

①讀書集中術　多湖輝著　150元
②應考的訣竅　多湖輝著　150元
③輕鬆讀書贏得聯考　多湖輝著　150元
④讀書記憶秘訣　多湖輝著　150元
⑤視力恢復！超速讀術　江錦雲譯　180元
⑥讀書36計　黃柏松編著　180元
⑦驚人的速讀術　鐘文訓編著　170元

⑧學生課業輔導良方　多湖輝著　180元
⑨超速讀超記憶法　廖松濤編著　180元
⑩速算解題技巧　宋釗宜編著　200元
⑪看圖學英文　陳炳崑編著　200元

・實用心理學講座・電腦編號 21

①拆穿欺騙伎倆　多湖輝著　140元
②創造好構想　多湖輝著　140元
③面對面心理術　多湖輝著　160元
④偽裝心理術　多湖輝著　140元
⑤透視人性弱點　多湖輝著　140元
⑥自我表現術　多湖輝著　180元
⑦不可思議的人性心理　多湖輝著　180元
⑧催眠術入門　多湖輝著　150元
⑨責罵部屬的藝術　多湖輝著　150元
⑩精神力　多湖輝著　150元
⑪厚黑說服術　多湖輝著　150元
⑫集中力　多湖輝著　150元
⑬構想力　多湖輝著　150元
⑭深層心理術　多湖輝著　160元
⑮深層語言術　多湖輝著　160元
⑯深層說服術　多湖輝著　180元
⑰掌握潛在心理　多湖輝著　160元
⑱洞悉心理陷阱　多湖輝著　180元
⑲解讀金錢心理　多湖輝著　180元
⑳拆穿語言圈套　多湖輝著　180元
㉑語言的內心玄機　多湖輝著　180元
㉒積極力　多湖輝著　180元

・超現實心理講座・電腦編號 22

①超意識覺醒法　詹蔚芬編譯　130元
②護摩秘法與人生　劉名揚編譯　130元
③秘法！超級仙術入門　陸　明譯　150元
④給地球人的訊息　柯素娥編著　150元
⑤密教的神通力　劉名揚編著　130元
⑥神秘奇妙的世界　平川陽一著　180元
⑦地球文明的超革命　吳秋嬌譯　200元
⑧力量石的秘密　吳秋嬌譯　180元
⑨超能力的靈異世界　馬小莉譯　200元

⑩逃離地球毀滅的命運	吳秋嬌譯	200元
⑪宇宙與地球終結之謎	南山宏著	200元
⑫驚世奇功揭秘	傅起鳳著	200元
⑬啟發身心潛力心象訓練法	栗田昌裕著	180元
⑭仙道術遁甲法	高藤聰一郎著	220元
⑮神通力的秘密	中岡俊哉著	180元
⑯仙人成仙術	高藤聰一郎著	200元
⑰仙道符咒氣功法	高藤聰一郎著	220元
⑱仙道風水術尋龍法	高藤聰一郎著	200元
⑲仙道奇蹟超幻像	高藤聰一郎著	200元
⑳仙道鍊金術房中法	高藤聰一郎著	200元
㉑奇蹟超醫療治癒難病	深野一幸著	220元
㉒揭開月球的神秘力量	超科學研究會	180元
㉓西藏密教奧義	高藤聰一郎著	250元
㉔改變你的夢術入門	高藤聰一郎著	250元

・養 生 保 健・電腦編號 23

①醫療養生氣功	黃孝寬著	250元
②中國氣功圖譜	余功保著	230元
③少林醫療氣功精粹	井玉蘭著	250元
④龍形實用氣功	吳大才等著	220元
⑤魚戲增視強身氣功	宮　嬰著	220元
⑥嚴新氣功	前新培金著	250元
⑦道家玄牝氣功	張　章著	200元
⑧仙家秘傳袪病功	李遠國著	160元
⑨少林十大健身功	秦慶豐著	180元
⑩中國自控氣功	張明武著	250元
⑪醫療防癌氣功	黃孝寬著	250元
⑫醫療強身氣功	黃孝寬著	250元
⑬醫療點穴氣功	黃孝寬著	250元
⑭中國八卦如意功	趙維漢著	180元
⑮正宗馬禮堂養氣功	馬禮堂著	420元
⑯秘傳道家筋經內丹功	王慶餘著	280元
⑰三元開慧功	辛桂林著	250元
⑱防癌治癌新氣功	郭　林著	180元
⑲禪定與佛家氣功修煉	劉天君著	200元
⑳顛倒之術	梅自強著	360元
㉑簡明氣功辭典	吳家駿編	360元
㉒八卦三合功	張全亮著	230元
㉓朱砂掌健身養生功	楊　永著	250元

㉔抗老功	陳九鶴著	230元

・社會人智囊・電腦編號24

①糾紛談判術	清水增三著	160元
②創造關鍵術	淺野八郎著	150元
③觀人術	淺野八郎著	180元
④應急詭辯術	廖英迪編著	160元
⑤天才家學習術	木原武一著	160元
⑥猫型狗式鑑人術	淺野八郎著	180元
⑦逆轉運掌握術	淺野八郎著	180元
⑧人際圓融術	澀谷昌三著	160元
⑨解讀人心術	淺野八郎著	180元
⑩與上司水乳交融術	秋元隆司著	180元
⑪男女心態定律	小田晉著	180元
⑫幽默說話術	林振輝編著	200元
⑬人能信賴幾分	淺野八郎著	180元
⑭我一定能成功	李玉瓊譯	180元
⑮獻給青年的嘉言	陳蒼杰譯	180元
⑯知人、知面、知其心	林振輝編著	180元
⑰塑造堅強的個性	坂上肇著	180元
⑱爲自己而活	佐藤綾子著	180元
⑲未來十年與愉快生活有約	船井幸雄著	180元
⑳超級銷售話術	杜秀卿譯	180元
㉑感性培育術	黃靜香編著	180元
㉒公司新鮮人的禮儀規範	蔡媛惠譯	180元
㉓傑出職員鍛鍊術	佐佐木正著	180元
㉔面談獲勝戰略	李芳黛譯	180元
㉕金玉良言撼人心	森純大著	180元
㉖男女幽默趣典	劉華亭編著	180元
㉗機智說話術	劉華亭編著	180元
㉘心理諮商室	柯素娥譯	180元
㉙如何在公司崢嶸頭角	佐佐木正著	180元
㉚機智應對術	李玉瓊編著	200元
㉛克服低潮良方	坂野雄二著	180元
㉜智慧型說話技巧	沈永嘉編著	180元
㉝記憶力、集中力增進術	廖松濤編著	180元
㉞女職員培育術	林慶旺編著	180元
㉟自我介紹與社交禮儀	柯素娥編著	180元
㊱積極生活創幸福	田中真澄著	180元
㊲妙點子超構想	多湖輝著	180元

•精 選 系 列•電腦編號25

①毛澤東與鄧小平	渡邊利夫等著	280元
②中國大崩裂	江戶介雄著	180元
③台灣・亞洲奇蹟	上村幸治著	220元
④7-ELEVEN高盈收策略	國友隆一著	180元
⑤台灣獨立（新・中國日本戰爭一）	森　詠著	200元
⑥迷失中國的末路	江戶雄介著	220元
⑦2000年5月全世界毀滅	紫藤甲子男著	180元
⑧失去鄧小平的中國	小島朋之著	220元
⑨世界史爭議性異人傳	桐生操著	200元
⑩淨化心靈享人生	松濤弘道著	220元
⑪人生心情診斷	賴藤和寬著	220元
⑫中美大決戰	檜山良昭著	220元
⑬黃昏帝國美國	莊雯琳譯	220元
⑭兩岸衝突（新・中國日本戰爭二）	森　詠著	220元
⑮封鎖台灣（新・中國日本戰爭三）	森　詠著	220元
⑯中國分裂（新・中國日本戰爭四）	森　詠著	220元

•運 動 遊 戲•電腦編號26

①雙人運動	李玉瓊譯	160元
②愉快的跳繩運動	廖玉山譯	180元
③運動會項目精選	王佑京譯	150元
④肋木運動	廖玉山譯	150元
⑤測力運動	王佑宗譯	150元

•休 閒 娛 樂•電腦編號27

①海水魚飼養法	田中智浩著	300元
②金魚飼養法	曾雪玫譯	250元
③熱門海水魚	毛利匡明著	480元
④愛犬的教養與訓練	池田好雄著	250元
⑤狗教養與疾病	杉浦哲著	220元
⑥小動物養育技巧	三上昇著	300元

•銀髮族智慧學•電腦編號28

①銀髮六十樂逍遙	多湖輝著	170元
②人生六十反年輕	多湖輝著	170元

③六十歲的決斷	多湖輝著	170元
④銀髮族健身指南	孫瑞台編著	250元

・飲 食 保 健・電腦編號 29

①自己製作健康茶	大海淳著	220元
②好吃、具藥效茶料理	德永睦子著	220元
③改善慢性病健康藥草茶	吳秋嬌譯	200元
④藥酒與健康果菜汁	成玉編著	250元
⑤家庭保健養生湯	馬汴梁編著	220元
⑥降低膽固醇的飲食	早川和志著	200元
⑦女性癌症的飲食	女子營養大學	280元
⑧痛風者的飲食	女子營養大學	280元
⑨貧血者的飲食	女子營養大學	280元
⑩高脂血症者的飲食	女子營養大學	280元

・家庭醫學保健・電腦編號 30

①女性醫學大全	雨森良彥著	380元
②初為人父育兒寶典	小瀧周曹著	220元
③性活力強健法	相建華著	220元
④30歲以上的懷孕與生產	李芳黛編著	220元
⑤舒適的女性更年期	野末悅子著	200元
⑥夫妻前戲的技巧	笠井寬司著	200元
⑦病理足穴按摩	金慧明著	220元
⑧爸爸的更年期	河野孝旺著	200元
⑨橡皮帶健康法	山田晶著	180元
⑩33天健美減肥	相建華等著	180元
⑪男性健美入門	孫玉祿編著	180元
⑫強化肝臟秘訣	主婦の友社編	200元
⑬了解藥物副作用	張果馨譯	200元
⑭女性醫學小百科	松山榮吉著	200元
⑮左轉健康法	龜田修等著	200元
⑯實用天然藥物	鄭炳全編著	260元
⑰神秘無痛平衡療法	林宗駛著	180元
⑱膝蓋健康法	張果馨譯	180元
⑲針灸治百病	葛書翰著	250元
⑳異位性皮膚炎治癒法	吳秋嬌譯	220元
㉑禿髮白髮預防與治療	陳炳崑編著	180元
㉒埃及皇宮菜健康法	飯森薰著	200元
㉓肝臟病安心治療	上野幸久著	220元

㉔耳穴治百病	陳抗美等著	250元
㉕高效果指壓法	五十嵐康彥著	200元
㉖瘦水、胖水	鈴木園子著	200元
㉗手針新療法	朱振華著	200元
㉘香港腳預防與治療	劉小惠譯	200元
㉙智慧飲食吃出健康	柯富陽編著	200元
㉚牙齒保健法	廖玉山編著	200元

• 超經營新智慧 • 電腦編號 31

①躍動的國家越南	林雅倩譯	250元
②甦醒的小龍菲律賓	林雅倩譯	220元

• 心 靈 雅 集 • 電腦編號 00

①禪言佛語看人生	松濤弘道著	180元
②禪密教的奧秘	葉逯謙譯	120元
③觀音大法力	田口日勝著	120元
④觀音法力的大功德	田口日勝著	120元
⑤達摩禪106智慧	劉華亭編譯	220元
⑥有趣的佛教研究	葉逯謙編譯	170元
⑦夢的開運法	蕭京凌譯	130元
⑧禪學智慧	柯素娥編譯	130元
⑨女性佛教入門	許俐萍譯	110元
⑩佛像小百科	心靈雅集編譯組	130元
⑪佛教小百科趣談	心靈雅集編譯組	120元
⑫佛教小百科漫談	心靈雅集編譯組	150元
⑬佛教知識小百科	心靈雅集編譯組	150元
⑭佛學名言智慧	松濤弘道著	220元
⑮釋迦名言智慧	松濤弘道著	220元
⑯活人禪	平田精耕著	120元
⑰坐禪入門	柯素娥編譯	150元
⑱現代禪悟	柯素娥編譯	130元
⑲道元禪師語錄	心靈雅集編譯組	130元
⑳佛學經典指南	心靈雅集編譯組	130元
㉑何謂「生」　阿含經	心靈雅集編譯組	150元
㉒一切皆空　般若心經	心靈雅集編譯組	150元
㉓超越迷惘　法句經	心靈雅集編譯組	180元
㉔開拓宇宙觀　華嚴經	心靈雅集編譯組	180元
㉕真實之道　法華經	心靈雅集編譯組	130元
㉖自由自在　涅槃經	心靈雅集編譯組	130元

㉗沈默的教示　維摩經	心靈雅集編譯組	150元
㉘開通心眼　佛語佛戒	心靈雅集編譯組	130元
㉙揭秘寶庫　密教經典	心靈雅集編譯組	180元
㉚坐禪與養生	廖松濤譯	110元
㉛釋尊十戒	柯素娥編譯	120元
㉜佛法與神通	劉欣如編著	120元
㉝悟（正法眼藏的世界）	柯素娥編譯	120元
㉞只管打坐	劉欣如編著	120元
㉟喬答摩・佛陀傳	劉欣如編著	120元
㊱唐玄奘留學記	劉欣如編著	120元
㊲佛教的人生觀	劉欣如編譯	110元
㊳無門關（上卷）	心靈雅集編譯組	150元
㊴無門關（下卷）	心靈雅集編譯組	150元
㊵業的思想	劉欣如編著	130元
㊶佛法難學嗎	劉欣如著	140元
㊷佛法實用嗎	劉欣如著	140元
㊸佛法殊勝嗎	劉欣如著	140元
㊹因果報應法則	李常傳編	180元
㊺佛教醫學的奧秘	劉欣如編著	150元
㊻紅塵絕唱	海　若著	130元
㊼佛教生活風情	洪丕謨、姜玉珍著	220元
㊽行住坐臥有佛法	劉欣如著	160元
㊾起心動念是佛法	劉欣如著	160元
㊿四字禪語	曹洞宗青年會	200元
(51)妙法蓮華經	劉欣如編著	160元
(52)根本佛教與大乘佛教	葉作森編	180元
(53)大乘佛經	定方晟著	180元
(54)須彌山與極樂世界	定方晟著	180元
(55)阿闍世的悟道	定方晟著	180元
(56)金剛經的生活智慧	劉欣如著	180元

・經 營 管 理・電腦編號 01

◎創新經營管理六十六大計（精）	蔡弘文編	780元
①如何獲取生意情報	蘇燕謀譯	110元
②經濟常識問答	蘇燕謀譯	130元
④台灣商戰風雲錄	陳中雄著	120元
⑤推銷大王秘錄	原一平著	180元
⑥新創意・賺大錢	王家成譯	90元
⑦工廠管理新手法	琪　輝著	120元
⑨經營參謀	柯順隆譯	120元